点亮职场路

——从技术到管理的
实践者笔记

煮史问道 / 著

辽宁科学技术出版社
·沈阳·

图书在版编目（CIP）数据

点亮职场路：从技术到管理的实践者笔记/煮史问道著.
—沈阳：辽宁科学技术出版社，2012.7
ISBN 978-7-5381-7525-7

Ⅰ.①点…　Ⅱ.①煮…　Ⅲ.①企业管理—通俗读物　Ⅳ.
①F270-49

中国版本图书馆CIP数据核字（2012）第116170号

出版发行：辽宁科学技术出版社
　　　　　（地址：沈阳市和平区十一纬路29号　邮编：110003）
印 刷 者：沈阳天正印刷厂
经 销 者：各地新华书店
幅面尺寸：145mm×210mm
印　　张：6
字　　数：120千字
出版时间：2012年7月第1版
印刷时间：2012年7月第1次印刷
责任编辑：王　实
版式设计：于　浪
责任校对：栗　勇

书　　号：ISBN 978-7-5381-7525-7
定　　价：20.00元

邮购热线：024-23284502
E-mail：ganluhai@163.com

本社法律顾问：陈光律师
咨询电话：13940289230

前言

　　在笔者的心底，很久以来一直埋藏着一个朴素的心愿：将自己多年的职场心路历程整理总结成文字。这个心愿的核心动机有二，第一是倾听一下自己内心的声音；第二就是希望把自己多年来一路从一线技术岗位走向管理岗位的些许领悟和感想分享给职场路上的广大同仁们。

　　笔者简单而执著地坚信，这本书会让您有所思考，有所领悟，因为它不仅仅是一本书，更是一本从技术岗位走到管理岗位的实践者的成长笔记。

　　记得曾有人说过：这个世界不缺理论大师，缺的是勇敢的、执著的实践者！

　　如果您不否认这个理论，那么相信这本书一定不会令您失望，因为它就是脱胎于笔者的实际工作。

　　在忙忙碌碌的都市生活中，我们常常会有所迷失，有些缥缈，偶尔静下来之后脑子里面很容易冒出那个要命的问题：我们都在为什么而忙？

　　为生计？

　　为工作？

为内心永不磨灭的那个梦想？

······

或许你也有过类似笔者这样的迷茫和徘徊。

当初我们将所有的梦想装进行囊，离开校园，步入都市的时候，我们首先是对都市和职场充满着无限的憧憬，然后心中也会不自觉地点亮诸多的五彩缤纷的梦想，那时候我们都对都市和职场富有无比的热忱、热情和激情！

无论此刻你是否热情依旧不减当年，你都一定还能清晰地记得当初的那些憧憬、那些缤纷绚丽的梦想、那种每个细胞都散发出活力的激情澎湃的情景！

然后，我们就开始忙碌了。

忙着找工作，因为有工作了我们才能吃饭、才能穿上城里人都穿着的那些精致的衣服，吃饱、穿精致后我们继续忙······

这样的日子久了，于是我们不经意间突然发现了一个简单的逻辑：工作是为了吃饭，吃饭是为了工作！如此循环而已！

于是，日子似乎开始有些索然无味了！

甚至，最初的憧憬和梦想都淡化了！

都市好像不属于自己，它只是近在眼前却又分外遥远的城市！

城市中的职场似乎也成了刀山火海，看不顺眼的东西越来越多，看得顺眼的东西越来越少，它似乎越看越不像是职场，倒是有些像江湖······

再后来，我们当初对都市和职场所有的热忱、热情和激情一部分化作了尼古丁和酒精，或许还化作了那城市夜晚的灯红酒绿；另一部分则化作了抱怨和逃避，并一本正经地告慰自己说：惹不起，躲得起。

其实，我们都很忙，日子也是越过越忙，因为世界真的变化太快，以至于我们的脚步在不由自主地加速、再加速！只是笔者以为：再忙都应该留出一点点时间给自己，去整理一下心情，整理一下我们的领悟，也要时常去整理一下最初我们从校园来到都市职场时的那份热忱、热情、激情和五彩缤纷的梦想！就像整理我们的衣服、整理我们的鞋带、整理我们的发型一样。

一番整理后，一定会更灿烂，一定会更精彩！

于是笔者整理出了这本《点亮职场路：从技术到管理的实践者笔记》来分享自己的职场成长心得与感悟，意在倾听一下自己内心深处的声音，并借此分享给正在职场路上的您。

同为职场人，所面临的困境和内心的纠结应该是大体差不多的，因此笔者由衷地相信这本书一定能给读者带去一些启迪和思考。

但是，即便如此，开启职场这个话题依旧需要莫大的勇气，因为打开浏览器，点点鼠标，就此话题论述的往往都是专家、学者等社会名流，然而笔者仅一草根，结结实实的一名草根，一名从基层技术人员最终成长为一名职业经理人的草根。但是在徘徊了良久之后，笔者还是终于说服自己动笔了，然后本着"开弓没有回头箭"这一职场培育出来的做事习惯，这才有了这本书 。

虽然"职业经理人"这一头衔不再灿烂夺目已经很多年了，不再是稀罕物了，满大街、写字楼都是，在任何城市都是一抓一大把，没准在不远的明天，在农村也会一抓一大把。

　　不过，尊敬的读者您也不必要失望，因为笔者朴实的身份或许能给您带来耳目一新的朴素观点，或许还能颠覆您诸多的理念，因为从严格意义上说，这"不算是一本书"，而是一个职场人的工作笔记，是一本职场人十六年职场经历的思考与记录。

　　如果目前您正在职场上摸爬滚打，还不能自信满满地给自己印上一张所谓"职业经理人"的名片，相信本书对您会有所助益，因为笔者的写作特点就是直奔主题，让您在职场上尽量少走弯路；或者是您曾经在职场上历练过，现在换了个地方，换了张名片，甚至开始创业了，我想这本书或许还是值得您一读，因为这虽然不是一本职场教科书，但却是笔者多年职场生涯思想结晶的全盘托出。

　　利用上述"废话"介绍一下这本书的写作缘起。

　　如果您刚刚步入职场江湖，这部书应该能让您少奋斗N年，直接问鼎经理宝座。

　　如果您已经厌倦了职场江湖，没准通读该书之后，您极有可能金盆洗手，从职场江湖转入了市场江湖，开始玩玩老板这个无限风光的职业了。

　　如果果真如此，在猴年马月之后，您功成名就之时，还能记得笔者的拙著，如此足矣！

煮史问道

目录

下篇 **职场那点理**

点意职场路
——从技术到管理的实践者笔记

上篇

管理那点事

第一章

从民企到外企的矛盾与纠结

第一节　纠结的民企

"现场管理"、"7S管理"、"精益化生产"和"6σ"这些貌似超级专业的描述以及与之息息相关的培训已经铺天盖地N年了。

有需求，就有市场，由此可见，每家制造型的企业都有着生产现场管理方面的困惑，只是困惑的深浅程度不一罢了。

困惑，我们暂时放下不谈，先让我们先展开一个循序渐进的假设与模拟：

如果1：某公司（生产型）在创业初期，只有5台设备，12名员工，1名经营者（这个人当然是老板，或者是老板娘），1名管理者（厂长）。这时候厂长的工作会是什么样子的？

答案两个字：万能。

万能的厂长：什么都懂、什么都知道、从门卫到厂长任何岗位都能上，随时都准备着"救火"，总之"三头六臂"的厂长不仅能搞定一切，还能记住一切，盯住一切。放置在车间任何角落的那几颗螺丝都可以铭记在心，那时候家就是厂、厂就是家。

如果2：该公司历经一段时间的市场洗礼，在万能厂长的辛勤努力之下，在老板踏破铁鞋四处搞定订单的支撑下，这家企业总算是活下来了没倒下，没被市场淹没，并且还茁壮成长，长高了一大截了。其生产规模快速扩大至40台设备，有120名员工了。

那么这时候那曾经万能的厂长会是什么样子呢？

答案依旧：万能。

因为厂长下面有着万能的主管。

万能的主管，其万能的能量来自何方？

——万能的厂长。

也就是说，万能的厂长带了几个徒弟，将自己的部分万能秘籍，传授给了一路相随的兄弟，并将其提拔为主管。

所以，这种情况下的主管其实就是万能厂长的山寨版。

师傅带徒弟，带出来的徒弟一定是有师傅的影子，且一定技不如师（当然也有特例，但是在一定时间内，特例注定极少），因为"教出了徒弟，饿死了师傅"的古老学说至今仍然有着旺盛的生命力。

于是，万能的主管也领着那么十几号人，或者几十号人，按照师傅所言传身教的方式展开了"系列标准管理动作"：补救、灭火、盯住、顶住。这些非常规的管理动作，在万能主管那里成为了标准动作、常规管理方式方法了。

这时候，万能的主管一定会有遗漏、有疏忽、有盲点，但是问题一定不大，因为还有万能的师傅（万能的厂长）在场，一切皆在掌控之中。即便万能的祖师爷（厂长）偶尔也会有点疏忽，其实问题也不大，经营者（老板＋老板娘）也会抱着宽容的态度，忽略不计，不予计较。

如果3：在历经几年的高歌猛进后，该公司进一步发展壮大，产能和产量继续扩大并翻番，企业员工数一路从几十人发展壮大到了几百人。这时候的厂长的工作会是什么样子呢？

答案还是两个字，只是从此不再是万能而是：无能。

因为，企业到了一定的规模，万能的厂长发现自己所带出来的那些徒弟居然那么无能，常常盯不住，常常捅娄子。同时，曾经万能的厂长居然发现自己竟然连有些员工的名字都叫不出来了。

怎么会这样呢？

因为曾经万能的主管，在工作面的拓宽与扩大的同时，做事方式没有任何改变。

面宽了，自然盯不住，盯不住会挨骂，那么势必得有选择性地盯，选什么呢？自然是产量，其余的则一概忽略，于是现场管理、品质管理、生产管理、物流管理等与生产息息相关的所有环节也就成了一锅粥，一锅腊八粥。

结论：无能的是厂长，还是主管，抑或是经营者？

仁者见仁，智者见智，总之该民企成长路线图（民企成长模型）应该可以放之四海而皆准，民企的矛盾与纠结由此可见一斑。其实这就是从零起步的民企所共有的纠结所在！

克服了这个纠结、走过这段企业管理中内部治理整顿的坎，民企将迎来蓝蓝的天！

至于民企如何跨过这条沟、迈过这道坎，笔者将从方方面面进行细述，现在先让我们来看一下神奇的外企（指生产型企业，下同）。

第二节　神奇的外企

气派的工厂、漂亮的绿化环境、整齐的停车场、典雅或中规中矩的办公楼、身着制服套裙的前台小女孩、彬彬有礼的电话接待……以上这些是常见的外企中的情形，至少我们曾经"战斗"过、经历过的外企大体如此。当然，完成了资本积累走上康庄大道的民企现在也是如此，只是眼下貌似还不那么多见。

神奇的外企除了上述显性特征之外，其神奇之处更多地还在于：

他们似乎从不愁市场，订单永远像天使一样围绕着他们。

他们似乎从来都不差钱，这个不差钱在方方面面都能得到体现：比如，供应商的货款到期自动转账支付；工资向来准时发放，准时成啥样子呢？约定时间正负12小时，工资必定到账；公司内部的任何生产原材料或耗材，都指定品牌，指定之外的低价品牌，统统被他们直接屏蔽，甚至直接扔进了墙角里奢华的垃圾桶。

参照以上对外企的描述，基本逻辑一定会告诉我们：那些神奇外企的生产现场应该是非常高效、非常整洁、非常有序的；生产效率应该是非常高的、产品品质一定是一流的、企业内部管理一定是非常规范的。

然而，事实并非如此。如果您也曾在外企职场"战斗"过，那么你一定会对外企亮丽的表象下隐藏着的那些矛盾与纠结深有感受，简单地用两个很俗的词汇概括一下：很程序、很扯淡（请别忙着扔砖块，笔者并没有否定一切的意思，在后面的《人人都需要安全感》一章中，笔者将分析说明在"很程序、很扯淡"背后隐藏着的东西）。

生产型的企业，任何问题皆有可能发生，换句话说，也就是在生产现场，每天都会发生这样或那样的一些问题。

发生问题、分析问题、解决问题、制定标准化措施防止问题重现、修订局部流程或程序，这原本就是生产型企业每天都在现场直播的故事情节。

外企的这一场景直播得更吸引眼球：生产中的问题已经发生，发现问题者一般首先不是制止问题延续，而是先电话或邮件通知己方老大，己方老大先权衡一下利弊，然后才作出一个选择性的决定：继续通知上司，或者是通知问题可能属的部门经理？

至于上述这个选择性决定的结果，则完全取决于通知哪一方对自己有利——这个就叫做很程序。

接下来解释一下"很扯淡"的具体表现：

已经发生在生产现场的问题，在历经了山路十八弯之后，终于成功地抵达了会议室。

现在官方要干的事情就是就此问题开个会，研究并解决一下。

这一现象也很符合逻辑，问题来了召集相关部门组织讨论一下，纠正一下，预防一下，这的确很正常。

但是，此类会议的第一议题通常会是围绕着一个很重要的问题而展开的：问题是谁造成的（谁承担责任）？

这个问题实在太要命，在能压死人的责任面前，谁也不愿意接纳这个烫手的山芋，于是会议前期，一定只干一件事：各自施展拳脚开始打太极。等太极拳秀完了，问题的责任也就基本落实了。

既然责任已经落实了，大家也就无所顾虑了，可以畅所欲言，事后诸葛亮，一个比一个更孔明。导致问题发生的各种可能，终于在会议室内被一网打尽，然后逐一梳理，拟定措施，落实实施责任人、时间节点，并同时落实了由谁监督、确认实施这一问题。

如此看来，神奇的外企这一套"很程序"的东西倒也不一定"很扯淡"。别着急，笔者再给你举一个活生生的，永不磨灭的案例，让我们借此领教一下其"很扯淡"的一面。

如：在生产现场，某种并不常用的生产物资急需领用，但任何物资的领用都需要有关领导审批和签字方可，但是很不巧，现在一下子找不到签字的领导，因为他已经下班了。于是车间主管急匆匆地跑到仓库主管部门，要求特事特办，先发放物资，次日补办手续。

但是，"很程序"的主管部门只告诉你两个字"不行"，任你怎么缠着说多好听的也白搭，人家最多回你一句："发给你可以，仓库东西实物与账面不符，你来负责？"有此一句反问就足够了，打死我们也不敢承担该责任，万一仓库最值钱的东西没了，难道也要生产主管来当冤大头不成！

既然领不到，那就等着呗！所有的事情都等到明天再说，领导明天一定来，明天一早就能恢复生产了，着急也没用，"很程序"的一面就是这样的。相信混在外企的兄弟姐妹们一定感同身受。

如此一来，我们基本上可以得出一个结论：很程序，这没有错，如果很机械很官僚地执行程序，那么多少就显得有些扯了，于是就有了这则算术等式，很程序＋很官僚＝很扯淡。

程序一定是死的，让活的人来执行死的程序，那么活人将有两种情况发生：

一、灵活地变通，这个是大家的强项，这一点在民企一般时刻直播着、上演着，并还美其名曰：兵来将挡、水来土掩；

二、装死人，死守三分地，注意力全部聚焦于"究责"，其余的一概忽略，这一点在外企里面经常现场直播上演着。

按照程序来办事，是管理的基本原则，只是民企在建立属于自己的程序，以及让属于自己、适合于自己的程序有效运行方面，好像还有一段较长的路要走；而对于程序化已经成熟的外企而言，拿程序当盾牌、挡箭牌来使，也的确是个令人头痛的问题。

这就是从民企到外企的矛盾与纠结所在，在后面的内容中，笔者将从各方面不同的视角，深入地解析这一矛盾与纠结的根本与前因后果。

第二章 台前与幕后

第一节　职场中的台前与幕后

前面，我们谈了从民企到外企的矛盾与纠结这个话题，但是引发这些矛盾与造成这些纠结的原因，一定不是制度本身，当然也一定不是那"万恶的市场"，而是职场中参与各个节点的每个职场人。

而职场人之所以会成为矛盾与纠结的制造者，其中重要原因之一就是我们常常被问题和事物的表象所迷惑，没能透过事物现象看到事情的本质，所谓"没有看破红尘"。因此这一章里，我们将用各种具体案例说一说职场中的台前与幕后。

因为要命的台前与幕后总是同时存在的，关于这一现象最典型的案例莫过于陪着太子读书。

读书是有形的，是每个人都可见的台前的现象。

而陪同太子读书的人却是在幕后的，正因为陪太子读书是幕后的，所以幕后的诸多潜规则这类要素万万不可忽略。

如果陪读者未能发现并充分重视其幕后的一面，读书比太子用功，背书比太子快，考试成绩比太子好，还动不动就向太子太傅（太子的老师）打点小报告，那么这个陪读者的最终结果应该可想而知了。

事实上，无论是大学课堂、培训课堂还是各类教科书上，一般都只是指出台前的一面，以至于我们常常忽略了幕后的一面。然而，在诸多的场合，幕后的一面却更具杀伤力，所以台前与幕后这个问题不得不说一下。

2011年上半年，媒体都在沸沸扬扬地传播着一件事情：日本地震，福岛核电站泄漏，造成了核污染。于是，各国分别都在检讨、研究原本已经制订的核能政策和规划。

在能源亟待革命的今天，核能曾经是一个十分明确的革命方向之一，既然已经确定了核能的能源地位，那又何须检讨、研究，甚至是调整政策呢？

因为，历经了20世纪80年代前苏联的切尔诺贝利核事故之后，核能曾经安全了N年。在所有人的概念中，以时下的科学技术能力，核能完全是可以作为能源安全利用的，哪想到日本给大家唱了这么一出核泄漏大戏。于是，大家看着日本正在直播的核污染大戏，就开始嘀咕着自家的那点宝贝是否也会上演这一幕。

该时事案例中：

台前的——核能，能作为能源安全利用，以当下的科技能力，完全可控，绝对安全。

幕后的——"核"，作为能源，在特殊情况下，依旧不可控，在大自然打个喷嚏，或者大地跺跺脚的时候，核能可能成为核弹。

核能隐藏于幕后的破坏力一定是远远大于显性的电能为社会经济与生活所带来的贡献了。

当无形的幕后现象穿上了有形的台前的短裙与丝袜之后，我们绝对能在第一时间识别出，并投以炙热的目光，报以极大的关注，采取一切可以采取的行动。但问题是幕后的一面常常是以无形的形态而藏在诸多的细节之中的，于是我们的眼睛常常欺骗了我们的心。

职场中，这样的台前与幕后如同形影一般，时刻成双成对与我们擦肩而过。在幕后的一面尚未穿着台前的丝袜与短裙之时，作为团队领导（或者是管理者）应该依旧能识别出其庐山真面目。

下面，就此列举几个场景或案例：

某公司是一家生产型企业，由于各方面成本不断上升，企业内部无法全部消化，于是Boss责成销售部门找客户谈谈：涨价。并最终以一纸涨价函的形式，实现了预期的调价目标，皆大欢喜！

如果您是该公司的品质管理总监，您是否透过涨价这一显性现象，看到了躲藏在涨价这一幕后的隐性品质管控风险？

水涨船高，价格上去了，客户的诸多要求一定随之而来了。

厚道的客户，会直接书面调整品质要求：诸如惩罚性的新规，IQC抽检方案调整，进料检验标准重新制订等。

不那么厚道的客户，则闷声不响，等着你上门。然后呈现给您的结果就是：频繁退货、频繁返工、频繁选别、频繁惩罚性罚款。

如果遭遇到了闷声不响的、不那么厚道的客户，该公司的品质管理总监面对潮水般的客户投诉、客户抱怨、客户退货而不知所以然，感觉满腹委屈，郁闷之极，那么恭喜了，他在该公司这一光荣岗位上的职业生涯基本玩完了。

当这位不幸的总监还在为近期品质问题而焦头烂额的时候，老板已经在物色他的接班人了，而导致这一悲剧性结局的核心原因之一，是不是因为销售价格上涨后，身为品质总监的他却从不曾为此做过任何准备，所以局面才乱成了一团麻呢？答案是肯定的。

第二节　幕后的声音

对于职场人士来说，每天上午的7：00—9：00这两个小时一定是忙碌而痛苦的。

清晨7：00，闹钟准时且卖力地搅黄了我们甜甜的美梦，我们只能强行睁开其实还没有睡醒的双眼，三分钟洗刷，四分钟搞定早餐，然后挤入宽阔却又拥挤的城市道路，直奔单位而去。

穿过大半个城市，抵达单位之后，迎接我们的第一件事情是晨会（早课、早会，当然在这之前可能还需要考勤），晨会上HR经理发话了："统计显示，我们公司近期员工流失率在节节攀升，这是一个不好的信号，所以希望各部门对员工状态予以关注，最大限度地控制一下这种不良的趋势。"

"生产部门员工离职的核心原因还是工作时间长，加班费低，而且现在外面企业的待遇都在调整，我们是不是也考虑一下，适当调整员工待遇。"公司最有发言权的生产部经理立即针锋相对地就此问题跟进发言，抛出了自己的观点，因为他所在的制造部门是员工流失的重灾区。

这是极为常见的一幕，也是很多生产型企业时刻都在面对的问题。

下面就此谈谈各方面的台前与幕后。

台前的现象（员工流失）很简单：

针对这一现象，HR经理在表述问题，生产部经理在分析问题。这个不必多谈。

幕后的一面则略显复杂：

HR经理方："我的工作压力很大，因为招人是困难的，费尽力气哄进来之后，我还得绞尽脑汁给他们培训，将企业文化、制度、薪资等一切的一切输入到他们大脑中去。我容易吗？你们用人部门应该最大限度地降低职员流失率，别让我总是做无用功，累死也没好看。"

生产部经理方："我的管理是没问题的，职员流失是因为钱少、活多、时间长。HR经理一竿子捅到底，将其余因素统统忽略了，这多少有些武断。"

对两位经理的这一番对阵，我们略作解析如下：

首先，生产部经理所分析的一定只是局部现象，对于一线员工而言，加钱可以留人，可以解决问题。但是对于一些一线管理岗位、技术岗位，薪资与奖金往往并不排在首位，或者说是不是孤单地排在首位。从一线技术岗位、管理岗位逃离的原因更多的还是因为事情过于烦琐，甚至不堪重负，然后才是钱的问题。

其次，如果生产部经理的分析成立了，那么加钱就能解决那些核心岗位留不住人的问题吗？

显然是不能的，因为加钱绝对解决不了烦琐问题，解决不了生产中的困难问题，解决不了一直困扰着一线核心岗位人员的老大难问题。在安抚一线作业工人之前，应该先要搞定一线管理人员、技术人员。只有将他们搞定了，氛围才可能和谐，然后用他们去影响一线工人（别忽略一个现象：他们是整天待在一起的），一线工人的流失率自然会得到一定程度的控制。

至于怎么样去实施和谐，这才是生产部经理的核心工作之一。因此，他在晨会上的发言基本上就是：此地无银三百两。

再次，从生产部门的角度出发，应该积极推动自动化，以最大限度地减少用人，一则为企业节减开支，二则避免了人多管理复杂的局面。管人、管机器，一定是管机器更简单一些、容易一些。

最后，生产部经理抛出的那段话很欠缺的一面是，从头到尾都没有听到任何支持性的数据，没有调查就没有发言权，在企业的任何级别的会议上，都应该避免跟着感觉走，凭着直觉说，否则很容易被枪毙或者是被狙击。

下面总结一下：

在公司内部的各种沟通上，需要听懂、看懂、看穿、看透台前现象的幕后。

在公司内，各种现象展现在我们眼里都只是台前现象，其幕后的一面需要用心聆听、用脑挖掘。

总之，在企业内部的各种形式的会议上，我们在带上耳朵和嘴巴与会的同时，更多的还是需要用心聆听，听懂幕后的画外音，然后再有的放矢、就事论事地给出我们自己的见解和观点！

这正如学生时代，老师一再告诫我们"看懂题目之后再动手解题"，其实职场上的管理者更应该在听懂隐形的画外音之后，再给出自己的见解、意见、建议或想法，这一点很是重要！

第三章 关于培训

第一节　企业内训的核心应该是教会人怎么做事

不得不承认，培训是个很时尚、很沉重的话题。

很时尚是因为，现在的培训无所不在、无孔不入：诸如怎样花钱、怎样挣钱、怎样省钱、怎样理财等都成了培训的重要课题之一，打开电视、电脑之际，这些信息能将我们淹死。

很沉重是因为，很多企业已经将培训视为万能的解药，因此将任何问题的终极方案都堆积在培训上，任何问题的纠正和预防措施中必有一项是"培训"。

与此同时，剑走偏锋的另一个极端就是，市场上有些企业非捆绑销售就不培训，所谓捆绑销售：如导入了某种体系，不得不培训；引进了某种系统，不得不培训。

所以，便有高人这样总结企业的培训：不培

训是等死，培训是找死。

因此笔者认为，培训应该是个沉重的话题。

对于生产型企业的培训来说，我们先概要性地梳理一下其逻辑。

企业内训的目的是：教受训对象如何按照企业的要求做事。

关于这一点，我相信每个人都认同，下面笔者从两个方面来具体谈谈。

如果，受训对象的确是不懂得在其岗位上怎么做事，那么这个时候所展开的培训一定是有效的。这方面，我们暂且称其为正面培训。

如果，受训对象知道怎么做事，却不能自主激发出做事的热情，那么针对怎么做事的培训结果注定会非常糟糕，这方面，我们暂且称其为无效培训。

用很专业的术语来讲，这就是能力和意愿的问题，这些专业的东西我们就不多谈了，总之有能力又有意愿者是第一梯队；有意愿没能力者是第二梯队；有能力没意愿者是第三梯队；没能力又没有意愿者是排队等候淘汰的梯队。

我们想要探讨的问题是：在前述这种无效培训的情况下，我们是不是可以改变培训方向，不教受训对象怎么做事，而调转枪头教其怎么做人，借此激发其做事的热情，如此一来这个问题不就解决了吗？

从表面上看好像逻辑是这样的。

然而，我们却不得不承认和接受"怎么做人"这个问题能通过培训而解决，这大概只能是个传说。

企业岗位上的任何一员都是成年人，各种道理都懂的，知道却不能做到——这是每个地球村村民在不同程度上共有的病症，一场培训就能解决得了？这似乎有点玄乎。

知行合一，这是我们每个人毕生都在修炼的必修课之一，一定不是几场培训所能解决的问题，所以当受训对象压根就没有做事的动力和意愿之时，培训与管理者所时常推行的那套"摆事实、讲道理"就略显苍白无力。

既然，培训不可能解决这个问题，那么这个问题该如何解决呢？

在回答这个问题之前，让我们来做一个假设，虚拟一个工作环境。

如果，马云或者是马化腾上我们公司工作来了，那么我们绝对相信，马云或者是马化腾所负责的任何工作，都不存在有工作能力这一问题。甚至在他们的影响之下，就连那些原本不会做事，真正需要培训的那一批人也自动自发地都自学成才了，什么都搞懂了，什么都会了，培训也就彻底靠边站了，大家只要坐听他们讲讲故事就行了。

事实上，这是不可能的，我们请不了他们这样的风云人物。但是，这个模拟和假设却给了我们一种方向和思路。

是的，我们请不了他们，因为他们是属于世界的，全世界也就只有一位马云、一位马化腾。但是，我们是不是可以在企业内部培育出一位只属于企业的马云，只属于企业的马化腾呢？如果在企业范围内培育有困难，那么我们再缩小范围，在部门内培育出只属于部门的马云，只属于部门的马化腾。

我相信这个方向大家都懂的。

回过头来我们再说说培训——教会受训对象做事。

在生产型企业做事，应该可以分为以下三个境界：

第一个境界：

完全满足岗位要求——在岗位上很优秀，这个境界很多人能抵达。

第二个境界：

不仅能满足岗位要求，表现优秀，而且还善于总结、善于思考、善于理清和理顺各种逻辑，因此说，不仅自己能做好，而且还能教会从零开始的新人也做好。

第三个境界：

在"第二个境界"的基础上，能更前进一步。

应该进步在哪里呢？

不仅善于总结、勤于思考，而且还能形成自己的一整套理论，并不断完善，最终形成某种学说——这时候基本上算是专家、教授级别了。但是与学术界不同的是，达到这种境界的专家绝对是又红又专型的，与学术派人士并没有可比性。

如果上述三个境界的理论是成立的，你也认可，那么你会发现，在教人做事的过程中，施教者是可以从第二个境界上升到第三个境界的。这本身也属于一种自我培训了。

但是，如果我们将第一个境界，甚至连第一个境界还没达到的"公司人"推上去当师傅，那就彻底歇菜了，教出来的一定是四不像。

综上所述，笔者对于企业内训的观点是：首先识别出企业内各岗位、各阶层处于"第一个境界"的职员（或管理者），然后赋予其发挥的"第二个境界"平台，使其成为师者，最终实现一箭多雕的培训功效。

所谓一箭多雕功效即：既能让达到"第一个境界"的岗位上的优秀职员（或管理者）实现从"第一个境界"到"第二个境界"的跨越；而且还能使其在"第二个境界"的锤炼下，完成华丽转身，成为企业中或者是企业部门内的"马云"或"马化腾"；与此同时，我们还借此实现了岗位技能、管理技能方面的培训。

如果这一培训模式能够在企业中得到全面推广，毫无疑问，企业也就成为了传说中的学习型组织。

第二节　不信佛，却必须念经

在企业内推行诸如改变、变革、改革这类的活动，是非常痛苦、非常艰难、却又非常必要和必需的事情。

其实，培训要干的事情，培训最终要达到的目的，就在于让做事的人按照企业的要求作出必要的改变。

下面，我们以一个很小但是很典型的案例，换个角度继续谈一谈生产型企业内的培训。

但凡从事过现场管理相关工作的人都会有一种共同的郁

闷与纠结：作业工具常常缺失。

作业工具不见了以后，我们只能硬着头皮重新申请，然后能安静一段时间：下面部属不再吵着说没工具，上面领导也不再咬着牙硬着头皮审批工具采购申请表。

但是，安静了没几天之后，作业工具又消失于茫茫车间之中了，于是开始配发工具箱、开始记账、开始威胁下面"再丢了要赔"。即便如此，工具依旧还是会神奇地消失，一去不复返，这一幕似乎在永不落幕地上演着。

当它（工具）神奇地消失的时候，每个人都头痛，部属头痛，没东西可干活，总不能回家找个石头打造个石器应付一下吧；现场管理者头痛，又要硬着头皮去申请采购了；领导更头痛，挣了三块钱，买工具却花了两块钱，头大三尺！

笔者坚定地相信上述场景一定是诸多现场管理人士的纠结之一。

至于隐藏在这种现象背后的深层次原因，我们都知道是使用工具者的习惯不好。具体表现为：野蛮使用工具（扳手当锄头用，螺丝刀当撬棍用，万用表当榔头用）；使用完毕后不归位，致使无法共享；用完就玩完，坏了也不修，丢了也不找……总之，关于工具是如何缺失的，不是秘密，但是如何才能让生产作业用的工具从此不再缺失，反倒好像成了机密。

于是，在受够了类似于工具缺失这种问题的百般折磨之后，我们就开始干一件事情：如果是日企就开始强调要强化"7S"（7S：整理、整顿、清洁、清扫、素养、安全、节约。也有4S、或5S，或6S之说，无论几个S，总之是源于日本的适用于生产现场管理的一套学说）管理，如果是民企就向日企学习，开始导入7S管理。

无论是强化或者导入7S，都是从细节入手培养习惯。

既然是要培养习惯，那么就必须同时针对人和事做一些改变、变革方面的工作，如此一来，话题就回到了培训上面。

我们几乎可以下这样的结论：上几堂课、开几次会，是绝对纠正不了、根治不了前面所述工具缺失这一不良现象的。事情往往没有那么简单，尤其是要对做事的方式和流程进行改革，要引导做事的人做一些已设定方向的改变。

既然上几堂课、开几次会这样的培训是搞不定的，那培训该怎么搞呢？

在笔者看来，在上课和开会的基础上，现场管理人员还要接着做两件事情，方有可能解决这一难题。

第一件事：学会"念经"，用"念经"的形式展开轰炸式的培训。

不厌其烦地每天N念，至少也得每日1念。还记得脑白金那著名的"送礼就送脑白金"广告吗，我们都是被不断灌输后才记住的。笔者认为，这是培训，而且是隐性的培训。

第二件事：用行为艺术的方式展开植入式的培训。

在一段时间内，需要持续地关注工具使用与管理情况，敢于拉下颜面纠正每一个使用动作，放下面子，盯着每一次用毕归位，这需要很久的耐力。笔者认为这是一种比行为艺术还要"行为艺术"的潜移默化的培训。

只要做好上述两件事情，我们可以确信，工具从此绝对不会再缺失，它们随时会整齐地"排队待命"。

将我们的思维从作业工具这一个点扩散开来，生产现场作业人员、一线基层管理人员和技术人员的诸多隐性的培训应该可以按照这个思路和方向去做。我们会发现，一件看似属于培训的事情，其实是管理者个人毅力与部属们不恰当的作业行为习惯之间的博弈！

既然都上升到博弈层面了，那么脱离生产现场，而呆坐在会议室内上几堂课，自然是无法取得想要的结果的！

以上我们谈了如何针对做事的人，引导其按照我们设定的方向做出改变，以及我们应该开展的一些隐性培训。

第三节　润物细无声

下面我们接着培训这个话题，继续谈谈作为领导者，如何在工作中潜移默化、润物细无声地对管理者进行一些必要的培训。

因为一直都在制造业的管理岗位上工作着，所以笔者有个根深蒂固的观点：

做制造，就是做细节、做良心；做管理，就是做计划、做责任；做领导，就是做策划、做心胸。

按照这一观点，我们先谈一谈领导者怎样培训管理者。

事实上，领导者和管理者之间很难区分，并没有绝对的标准与概念，仁者见仁、智者见智，大家唯一能认可的标准大概就是：领导者是管理者的上司。

领导者和管理者同属于管理层、都属于企业的管理团队。一名普通职员，之所以能够成为管理者，一定是有其优秀之处。

既然如此，那么领导者对管理者实施的任何培训，一定是显著区别于企业对一线员工、技术员工以及其他核心岗位人员所实施的培训。

管理者，一般不缺乏工作的热情，从反面推论一下，一名吊儿郎当的职员，是不可能爬上管理岗位的。

管理者在做事的具体手法、技术面上都有一套，或许当初正是那一套吸引了领导者的目光，然后才升到管理岗位上的。

以上两点证明，管理者既不缺乏工作热情（积极进取之心），也不缺乏做事的技术支撑，那么他们缺乏什么呢？

下面是笔者个人工作经验的总结与梳理：

1. 他们常常会在宏观方向和微观着力点方面产生迷茫感；

2. 在生产问题形式多样、纷复繁杂的环境下，他们常常会陷入问题的漩涡，不能及时识别出重点与核心问题所在；

3. 在部属的不配合、环境不和谐之际，他们常常也被感染、被影响，进而可能在局部范围内选择妥协；

4. 在实施管理的过程中，他们容易走两个极端：或将自己打造成绝对的脱产干部，或一头扎进现场埋头苦干而不抬头看路；

5. 个别管理者或许还将情绪全都交给了领导，稍稍批一下，他们会郁闷很久、稍稍冷一下，他们会冻得发抖，稍稍表扬一下，他们即刻兴奋。

那么作为领导者怎样通过显性与隐性的培训，去逐一解决管理者所存在的这些问题呢？

不论你是否愿意，作为领导者必须抓住任何机会，对你的部属——管理者展开各种形式的培训，以最大限度地避免上述问题的发生，最大限度地解决已经发生或即将发生在管理者身上的问题。

领导者召集管理者集中开会，这是最常见的工作内容之一，并且一定会在会议上谈及一些自己的观点和理念，这也算是一种培训。但是，一般来说这种培训的效果极其有限。

领导者定期或不定期地找下面的管理者个别谈话，这是常见的，并且是一种必不可少的领导方式和培训方法。即使什么观念也不灌输，找部属聊聊也能够给予他们一些信心与希望。

电子邮件是不可缺少的办公工具，也是一种培训途径。

电子邮件通常都是用于交代工作、布置任务、共享信息，但是作为一种书面沟通工具，领导者完全可以用它来将自己的理念、观点和激励之说和感谢或表扬之词留给你的管理者部属，或许他们将反复阅读和消化，培训效果一定不会太差。

除此之外，适时、适当地组织一些活动，例如：读一本书，举办一次演讲比赛，组织一次集体户外自行车运动、组织一次集体茶会、酒会、K歌，营造一些润物细无声的环境，悄无声息地将想要输入的观点和理念灌输到管理者的脑子中去。

抓好季度、年中、年终这几个时间节点的总结工作，除了强调数据之外，务必要做一件重要的事情：帮助大家梳理一下逻辑。站在当前的时间节点上，回顾过去，将因为一所以这个逻辑理顺，并顺势解析一下今后的方向，为下一次总结理顺逻辑而埋下必要的伏笔。

当然除了上述方法以外，领导者还可以组织下面的管理者轮流当老师，用他们各自最拿手的才能做企业内训。这样可谓"一箭双雕"：一方面可以锻炼管理者，另一方面可以提升团队整体水平。

此外，在有必要的专业领域，积极地将管理者部属送出去培训，并在其培训有成归来后立即在企业内部展开培训，这也不失为一种有效的管理者培训方式。

总之，我们在这一节中强调的是企业领导者对身为管理者的部属所展开的培训应该是润物细无声的、抓住任何时机和机会的、以任何可行的形式展开的，而绝非仅仅依赖于课堂上的时间。

第四章
关于绩效

第一节　最原始的绩效管理

绩效管理是一门很专业的学科，而这里我们将要讨论的不是专业的绩效管理，而是围绕绩效管理，谈谈企业在推行绩效管理中的是是非非。

虽然不曾深入研究过绩效管理的辉煌历史，直觉告诉我，最原始的绩效管理一定是诸多企业至今仍在沿用的计件工资制。

这个制度真是超级简单：工人制造出一个产品，就挣一个产品的工钱，因为各种因素（缺料、停电、设备故障等）停工了，原地休息的工人就开始自娱自乐，等候开工。

这种绩效管理，虽然简单粗糙，却也简单有效。

简单粗糙表现为，劳资双方只谈一个字"钱"，其余的一切都是浮云。

不过当劳资双方只谈一个字（钱）的时候，别的一切都是会显得很苍白、很虚、很空、很假。劳资双方成了简单的、原始的金钱关系，别的什么企业文化、企业愿景、品质、团队精神等，一切的一切，只要管理人员提出上述任意方面的任何要求的时候，工人立即就会问一句话："这个工价是多少？"

所以，笔者认为，这种简单粗糙的绩效管理，只能停留在手工作坊阶段，当企业逐渐挣扎着走出了手工作坊阶段的时候，这种简单粗糙的管理方式不用也罢。

简单有效表现为，能留下的工人，都是接受这种薪资模式的，然后会挖空心思地干一件事，提高工效，在单位时间内尽量多做产品，这样就能多挣工钱，其实这也是资方愿意看到的结果。

这一管理方式带来的两项直接后果就是：其一，管理会很轻松、很简单；其二，产品品质会很糟糕！即使老板不愿意偷工减料，员工也会自作主张，帮着老板偷工减料，因为这样能大幅度提高产量，从而多挣工资。

事实上，也正因为后果中的"其一"，这个最原始的绩效方案，才至今仍然被广泛地使用着。

这种原始的绩效管理，能带来两个现象：

首先，当企业受到市场冲击、订单量显著下滑的时候，工人比老板更着急。

因为，老板可能因此每个月少赚了七八万，工人则因此少挣了七八百。虽然七八万远远大于七八百，但工人的七八百对于其生活的影响往往大于老板的七八万的损失，在此背景之下，我们几乎无须动脑子就知道，企业订单减少时谁更着急了。

然后，有趣的一幕就开始上演了，还没等老板批评销售部门，工人就将销售部门骂得一塌糊涂。这时候的销售部门好像是犯了众怒，被老板骂完，还得被一线的工人骂。

骂了几天之后，工人们就开始分流，一部分选择跑路，一部分选择边干边玩，以此犒劳一下自己。哪种人较多？明眼人一下子就会知道答案：跑路的一定是多数。

计件工资这一原始的绩效管理方式还能带来另一个有趣的现象：本来活干完了就下班，但是生产线上有奇特的一幕，有人在拼命地义务劳动——返工，有人会悠闲地挥挥手下班去了，有人则还在忙着规定的生产任务。

这种原始绩效模式最令人头大之处在于：全员都盯着产量，紧盯不舍、孜孜不倦地追求产量。至于品质，那是品质管理部门的差事，貌似与所有人都没关系，质量部门只能孤军奋战，艰难地往返于客户与生产线的道路上。

然而现代品质管理强调全员参与，在这种模式下的品质管理，唯一能威慑生产部门的是：抽检到不合格产品就返工，全员参与距离他们十分遥远。

所以笔者认为，这种最原始的绩效模式，如果能不用，那就赶紧放下别用了吧，因为其负面作用常常大于正面价值。

第二节　时间绩效

下面要谈到的绩效，可以理解为薪资，也可以理解为绩效奖金，也可以理解为生产型企业的工资计算模式以及与之息息相关的方方面面。

以时间为核心要素的绩效管理，是我们常见的，通常会是这样进行的。

首先是为企业、各部门以及具体岗位设定一些可量化、可测量的目标值，然后考核这些目标的完成情况，考核的结果就是员工工资条中的"绩效奖"（或者是被考核多了，或被考核少了）。

然后，我们得到的反馈就是——员工总是会反映、会抱怨、会传播"这个月的绩效好像不对，被少算了"。总之从下面传上来的声音，永远都是绩效奖金少发了，从来都不曾听到过发多了的声音。这基本上也算是职场中永恒不变的定律之一了。

上述绩效方案好像看起来与工作时间并无多大的关联，那为什么说时间是这种绩效管理的核心要素呢？

因为这种绩效方案，绩效奖通常只占工资中很少的一部分，大概是20%~30%，如果能占到50%，那都是胆大心细的少数企业了。工资中，更多的还是其余两项：基本工资、加班费（当然，工资条中除了这两项与绩效奖之外，还有些其他的津贴，不过它们基本都可以忽略不计了）。

有了上述解析，我们也就不难理解了，为什么这个绩效方案的核心要素还是工作时间。

当以时间为核心要素来计量工资与奖金的时候，有几个问题很让人头大：

出工不出力；

出体力不出脑力；

更为糟糕的还有人会当面出体力，背后出"脑力"（搞点小动作，折腾点小破坏）。

笔者的看法是：

1. 出工不出力这个问题，如果不考虑其他管理方面的原因，单从钱（绩效与工资）的角度看，我们应该可以看到三点：

第一，出工，是因为计时有费（固定工资、加班费）；

第二，不出力，可能是因为那点绩效没有足够的吸引力或诱惑力；

第三，不出力，可能是因为已经绝望了，换句话说是怎么折腾也拿不到高的绩效了，怎么不出力绩效也低不到哪里去。经测算，即使绩效奖再怎么少也绝不至于少到趴在地板上这个程度。

关于上述"出工不出力"这一问题方面的叙述，只是想要提示一下我们，在制度设计的时候，应该从制度的角度堵掉这个缺口，从绩效制度上确保职员只要出工了就必须出力。

2. 出体力，不出脑力这个问题，首先我们要明确一下，在组织内谁负责出体力，谁负责出脑力？答案是显而易见的：核心岗位和管理层主要是出脑力，一线工人主要是出体力。

因此，如果有人只出体力，不出脑力，那么唯一的原因就是管理层、核心岗位上的中坚力量严重匮乏工作热情和激情。如果忽略其他管理因素，那么造成这种局面的原因一定是因为这些核心成员的薪资、绩效与工人的差距太小，换句话说，就是说他们的工资和绩效太少。

很多时候，我们能看到企业管理者在面对核心岗位或基层管理岗位职员的此类问题时，习惯于做一个动作——换人。

可问题是，造成这一现象的原因是制度的本身，在不十分合理的制度下，换人这个动作无异于换汤不换药，换一个毁一个，还不如回头修订一下绩效制度。提高基层管理岗位、核心岗位职员绩效奖金的基数，以求彻底纠正这些人员出体力不出脑力的问题。

3. 当面出体力，背后出脑力的问题：很遗憾，这已经不是钱多钱少的问题，这个问题一定与钱没有最紧密的逻辑关系。或者是因为公司内部"政治斗争"过于激烈，甚至到无孔不入的地步了；或者是因为公司领导层从上到下都喜欢紧紧抓住任何大小权力不放手；或者是因为有人准备闹革命，计划揭竿而起，另立山头了。

总之，这类情况是最为糟糕的，管理者需要擦亮眼睛及时予以解决。

第三节　绩效的困惑

在前文中笔者曾提到过一个观点"企业中的很多问题是

钱所不能解决的"。接下来，我将着重表述一下这一观点。

这里，笔者先列举几个活生生的案例。

例1：某生产型企业，在很长的一段时间内，产品品质方面一直四处着火，客户或索赔、或退货、或抱怨，总之就是不消停的那种折腾。

试想一下，如果企业发生了这种情况，老板调整品质部门全员的薪资方案，变相地加薪，就能解决这个问题吗？

答案一定是否定的。

再说了，世上压根就没有这样的老板（出事了，还给你们加薪），在那种四处着火的水深火热的日子里，老板唯一的想法大概就是：干掉那一帮吃干饭的品质管理人员。

该案例应该能帮助我们理解"企业中的很多问题是钱所不能解决的"这一观点。

例2：某企业在研发某个新品的过程中，从T0（第一次试生产）到T3（第四次试生产）都失败了，不仅烧了老板不少的银子，而且还很严重地打击了一大片人的自信心，如果加钱就能解决问题，那么老板多困难也会咬着牙给研发部门、技术部门调整薪资方案，设置绩效奖，变相加薪，加到他们手发抖为止。

可事实是，此时的绩效一般都解决不了这样的千古难题，该案例进一步说明了一点：企业中的很多问题是钱所不能解决的。

例3：某企业整体运营还行，不是太好，但也不差，令人头大的就是其中某个部门一直是块短板，拖住了公司业绩整体向上攀爬的脚步。

于是管理层痛下决心，决定解决一下这个难题，其中管理层中不乏有人（该部门主管嫌疑最大）出馊主意：应该给该部门调整薪资方案，设置绩效奖金，以激发大家的工作热情以及责任心等。

耳根子不是很硬，又急于解决该老大难问题的老板，虽然不是很情愿，但是迫于改善现状的迫切心愿，也就从了他们，咬着牙齿给大家增设了绩效奖金，结果这一调整，问题不仅没有解决，反而搞大了。

被增设了绩效奖的拖后腿部门不仅没有大幅进步，其他部门反倒是闹哄哄地纷纷要求薪资向该部门看齐，要求增设绩效奖。这时候的老板，即使晚上睡着了也会后悔得醒过来，甚至将肠子也悔青了，还得挨批（来自老板娘的批评），以及承受来自高管层的抱怨。

上面的案例，无一不证明了"企业中的很多问题是钱所不能解决的"这一观点。

从上述这三个案例来看，其根本原因一定是因为，在企业内部，很专业的岗位上，没有用很专业的人才。

在专业岗位上用专业的人做专业的事情，在此基础上，在适当的时候适度加钱，是可以发挥出激励效果的。

在企业内部，企业与企业内部职员个体，主要目的是在于逐利上面，这个利一定是以钱为核心。虽然，利是万众所求，但是并不能够解决根本问题，如果直接拿钱说事，那么钱将成为万恶之源。

接下来，我们再举一例：

年关，是国人所谓秋后算账的一个重要时间节点，年终奖尤其是众望所在。

于是，在奖金发放之后，将发生这样的现象：诸多的一线工人，他们可能并不曾拿到一分钱的奖金（即使有，那也是象征性的，当然了，富得流油的大型企业除外），他们大概也就是愤愤不平地私下抱怨几句也就过去了。反倒是已经拿到年终奖的，绝对数并不算少的那一部分人，却万分纠结！

为什么拿到奖金的人会纠结呢？

因为在拿到年终奖的那一刻，拿奖的那一族盯住的绝对不是自己所拿奖金的绝对数，而是相对数，相对的对象是谁呢？是那些年终奖比他们更高的管理层和领导层。

或许，领导层那一刻也在纠结——帮Boss卖命一年，怎么才发这么几块钱，今年年报利润那么高！

既然在企业里面，很多问题不是用钱所能够解决的，那么我们在面对这些问题的时候，在准备拿能使鬼推磨的万能的钱试着去解决问题的时候，一定需要谨慎、再谨慎，砸钱之前务必模拟解析一下，这些能使鬼推磨的银子砸下去之后，那些问题是否会立即消失，还是会进一步恶化？

第五章　也谈企业文化

第一节　车间政治

既然企业面临的很多问题，不是靠流程化、制度化就能解决的，而且即使砸钱下去也解决不了的时候，一般来说企业就会寻觅另一条路：建设属于自己的企业文化。

企业文化这个话题很有趣是因为：当企业上规模以后，都很有文化；企业还停留于作坊阶段的时候，都亟待扫盲，很没文化。

企业文化的这一现象与作为社会组织中主力的自然人身上的文化现象，似是不谋而合，有着诸多的共同点。

作为社会组织基本单元的自然人，无论个人学历与受教育背景如何，在其步入社会之后，尚未搞定基本需求（吃饱穿暖穿好看）之前，都距离文化很遥远。当搞定基本需求之后，对文化方面的需求才会随之逐渐显现出来：高尔夫、歌剧，再学习与深造等，这些文化需求终于是既看得见又摸得着了。

即使是受教育程度不高的自然人，在其基本需求得到满足之后，孜孜不倦追求的一定是文化，无论是表面或者是内涵。

对于个人而言，对文化方面的追求，笔者认为这是一种对人生品位方面的追求或诉求。

那么企业追求企业文化的这一显性诉求，其出发点是什么呢？

简言之：让文化成为一种环境，让环境之下的人和事更具文化、更具活力，让文化熏陶出来的组织更容易治理、更具战斗力。

首先，在笔者看来，企业文化中比重最高的组成部分应该是一种企业习惯。

其次，在笔者的概念里面，关于企业文化，有这样一则公式：

企业文化 ＝ 车间政治 ＋ 办公室气候 ＋ 老板思想 ＋ 市场火力。

首先，我们谈一谈车间政治。

这个"车间"，我们应该广义地理解为生产、制造性的场所，例如，物流部门虽然不是车间，但其工作性质仍然等同于车间；再如企业里面的货车驾驶也等同于车间环境。

我们先来描述一下，一个令制造人向往的生产车间或工场（"工场"是日本人的习惯术语，后被广泛引用了）应该是什么样子的。

1. 所有生产物资、材料和产品都整齐地有序堆放、明确标志；

2. 所有的生产设备都整洁如新，处于正常量产状态，即使偶尔有设备处于维护或维修中，外行人也能一眼明了，因为有"修理中"这样的标志；

3. 工场的所有耗材、工具，均处于管理状态，即：有指定场所，方便拿取，它们随时待命，绝不带病上岗；

4. 工场地面整洁，不会尘封，通道明确，物流与人流均按照策划的方向有序流动；

5. 外行人走进工场也能一眼分辨出谁是管理者、谁是作业者、谁是技术者，因为他们都有那个岗位上的样子；换句话来描述，即：管理者像个管理者，工人有做事的样子，技术人员看上去就很专业、很技术；

6. 深入了解后，我们能获悉，工场所有的作业都有作业标准，不仅很细化，而且很人性化，最重要的是，大家都遵循着这些标准与规定；

7. 车间不一定很宽敞，但一定是明亮的，该开着的灯一直是开启着的，所有照明开关旁边都明确着开启和关闭的条件、时间和责任者；

8. 生产是忙碌的，但绝不紧张；生产是高效的，但绝对是有序的；工人是繁忙的，但看上去都是认真的、快乐的，走近他们的时候，从他们身上散发出来的不是产品的味道，是他们认真、快乐、忙碌的味道；

9. 车间人的着装都是一致的，甚至连鞋子也是一样的，尽管一些年轻的、朝气蓬勃的女工也有着魔鬼般的身材，但她们一样也穿着宽松的布质的工作服，发型基本也一样，有长发，但绝对不飘，整齐束起的模样一样很亮丽，有短发，但绝对短得精彩，不那么另类；

10. 车间工作的男性，都很男性，他们拿扳手、搬运材料的工作状态绝对专业、绝对男人、绝对力量却又绝对放松自然，绝对没有长发、黄发、红发，更没那种十分个性化的胡须，他们温柔的一面就是，好像是在跟产品、设备谈恋爱；

11. 当紧急订单下达的时候，车间的这群男男女女能加班加点地日出而作、月落而息，挑战极限。

笔者相信，上述11点描述，基本上可以让你获取一个理想的工场各个方面的情况介绍了。

接下来，让我们思考一下：这个氛围和环境是如何实现的？如何建设起来的？

所有这一切都是在循序渐进地设定了原则之后，方可能取得和建成的。

我们见过太多的工场，都是超级忙碌的，他们也是万分高效的，深入了解之后，我们才发现，其忙碌的背后就是显性或隐性的凌乱，其高效的背后就是作业工序、作业动作方面的偷工减料。当然还有更严重的就是生产材料方面的偷工减料，这个更要命，经营者万万不可这么玩：一方面要求下面人讲原则，遵守作业规定、生产规章；另一方面，自己却积极主动地造假。从长期来讲，这个后果只有一个字：死。

我们或许会想到，如果车间一切都只讲求原则，那不是死水一潭，毫无活力可言了吗？前面11点描述的可不是这样的，而是极具活力的车间、工场。

其实，这个疑惑是很容易解除的，生产方面的原则绝不意味着都要照搬到生产之外。这个该怎样去理解呢？

8小时或12小时之外，管理者依旧有着其管理者的原则，那就是：当天的生产是结束的，但绝不意味着当天的管理也随之结束了，更不意味着当天的团队建设也结束了，我们必须偶尔（甚至是经常）牺牲管理者（领导者）的自我时间，用柔性、人性的一面去做点工作：喝一杯、K一曲、看一下、聊一下等。这样是不是也就给了制度一点温度，给了原则一点人性，给了团队一点凝聚力，那么我们所设定的那些原则，那些政治是不是都悄无声息地得到了实现、获得了加强呢！笔者认为一定是，我想一定会的，届时我们的车间管理者、领导者就能率团站在企业内部高高的山冈上高歌一曲了！只是这样的操作，往往需要管理人员在时间方面作出必要的牺牲。

第二节　办公室气候

遥想多年之前，笔者刚刚毕业拎着麻袋（里面就装着棉被和换洗衣服）来到江南杭州就业的时候，恰逢杭州雨季，印象极为深刻的是，那一年（1996年）的七月整整一个月都在下雨，或大雨倾盆，或细雨霏霏。所以，潮湿加炎热，就是我对杭州这个城市最初和最深刻的印象。

因为雨一直下，所以很向往晴天，向往着能敞开胸怀晒晒江南的太阳，即便被晒得黝黑也心甘情愿！

印象中那种雨季里对晴天的渴望是那么强烈，早上睁开眼睛第一件事就是迅速地窥视一下窗外：雨是不是还在下？甚至明明都听到了淅淅沥沥的雨声，也还是不甘心，要拉开窗帘一角，再确认一下，雨真的还在下？它还不停？！

雨季中那种对晴天的渴望与向往，至今让我都畏惧着江南的七月天。

的确，自然的气候对人情绪、心情的影响是非常深刻的。那么办公室的人文气候，对我们的工作效率、心情和情绪又将产生什么样的影响？办公室内的艳阳天一般又是如何打造和培育出来的呢？这是本章节想要探讨的核心话题，暂且称其为"办公室气候"吧。

首先我们给"办公室气候"堆积一些描述性的词汇：

阳光、活力、透明、整洁、高效、专业、问候、文明、礼貌、有序、守时、现代、系统、计划、统计、报表、分析、会议、非私有化、可视化、职业化……但愿这一堆好看、好听的词汇能带给我们好心情，如果我们的办公室气候就是这样子的，那么办公室内的氛围一定是超级和谐的，令人愉悦和向往的！

接下来，我们描述一下办公室气候的核心场景：

清晨上班，走进公司，迎面的都是笑脸与问候，那一刻在办公室我们听到的基本上只有一个字："早"。我们看到的基本上都是室内的太阳脸，照耀着办公室；

会议结束，与会人员起身后的第一个动作是：椅子归位；

在听到了电话铃声之后，紧接着就会听到："喂，您好"；

所有开启的电脑，桌面上都很清爽，映入我们眼帘的绝对没有QQ，没有漂移着广告的网页，更不会有淘宝或K线图；

工作餐或午休时分，办公室没有无效的照明，电脑、日光灯、投影仪等办公设备也适时休息了，但总机或前台的电话绝对有人值守；

办公室内有绿色，没有香烟的味道；有盆景，没有巧克力或口香糖的味道；

在办公室内，我们常能听到这样的口头语"马上就办理"、"让我试试看"、"这个是我们部门的责任"、"很好！就这样干……"，此外绝对没有桃花消息流转、没有有色笑谈横行。

这样的氛围和环境，一定是办公室白领一族所喜欢的，更是Boss们所向往的。

一项成功的行动，首先需要一个正确的目标引领，然后加上一个英明的领导。

一个晴朗的、和谐的、充满活力的、职业化的办公室气候，一定需要两个元素：一是办公室内得有太阳，二是办公室内得有原动力。

太阳：每个办公室都有，领导是太阳之一，领导必须照耀出光和热，感染着办公室、影响着办公室。

至于办公室内的领导能不能成为人见人爱的太阳，那是人力资源管理和老板的职责，这种情况只有两个备选项：1. 将不是太阳的领导点亮，培育成太阳；2. 让不发光发热的伪太阳下岗。

总之，办公室内阴气沉沉的，一定是因为没有太阳，甚至可能连星星也没有。

原动力：即目标，如果仅仅是坐在办公室内，不清楚3年后企业会发生什么，企业将会从事什么的话，那就彻底歇菜了，原动力将成为浮云。即便没有"×××产业报国"这样伟大的愿景，无论如何都要有个长期规划和近期目标。

其实，图书市场上有很多杰作、大作都在宣扬办公室厚黑学，笔者认为宣传方向不应该是厚黑学，而应该是和谐，和谐一定是办公室的终极追求。

第三节　老板思想

毫无疑问，企业文化一般都是老板个人思想积累之下，日积月累地形成的企业习惯的系列排列与组合。

纵观市场，但凡被贴上老板标签的这一族，都遵循着下面这条山寨定律：

如果老板是剥削型的，那么这家企业在市场上也是被剥削习惯了，同时在企业内部也形成了形形色色的剥削者与被剥削者；

如果老板是霸道型的，那么这家企业不仅在市场上火力凶狠，在企业内部老板也是独步天下，唯老子天下第一；

如果老板是儒雅型的，那么这家企业一定在市场上也温文尔雅，或现贵族模样，企业内部也一定是文山会海，深度沟通的习惯；

如果老板是道上混出来的，那么这家企业一定桃色满园，老板定会率部属于KTV经常性地学习，于洗浴中心经常性地锤炼。

以上充分说明：老板的思想将在企业内被发扬光大，而企业文化的重要源泉之一，就是老板思想。

思想：这个词汇本身就穿着文化的外衣；

老板：这个众人仰视，超级聚焦的名词原本闪闪金光，灿烂一片，一片灿烂。

将这两个词都结合在一起的时候，我们很容易相信老板是有思想的。

但是，有很多的职场人会有这样的思维模式：我们老板有钱，这个我信，他能有思想，母猪都上树了。

这种思维很要命——这是一种典型的拿石头镜子照自己，拿玻璃镜子照他人的惯性思维。这里我们先明晰一下老板是从哪里来的。

首先，他一定不是从天上掉下来的，即便万一情况特殊，他真是从天上掉下来的，那摔死的概率也几乎是100%；

其次，他的身份一定不是慈善事业机构赐予的，因为到目前为止，地球村还没有这样的慈善事业机构，将我们从草根升级为老板。

否定了上述两条途径之后，老板的来源也就剩下下面这条途径了。

从祖上传下来的，这种情形一定有，而且正在逐渐增多（这也是当前社会和舆论在热议的"富二代"现象，我们权且也称其为二代吧），二代们一定获得了良好的教育，充分享受了优秀的教育资源，此外，还得天独厚地获取了父辈的创业基因。

一般来说，白手起家干出来者，都有一种积极向上、艰苦奋斗的思想，而且这种思想是可以在自己企业里面传播的。

然而，遗憾的是，事实与逻辑总隔着那么一条河。这也让我想起一句俗语：好事不出门，坏事传千里。

老板思想传播的最终结果还是取决于诸多因素，其中最核心的是下述两个方面：

首先，这种传播是自生自灭的，还是设定方向刻意地、用心地、系统地培育的？

如果是自生自灭的，那歇菜了，一定遵循好事不出门、坏事传千里的规律，灭绝了老板原本积极的、正面的，甚至是优秀的思想文化。

如果老板思想被企业高管、人力资源团队，刻意地培育了，并且自成系统地予以建设与推广了，老板思想一定能在企业里面被发扬光大，而且还将形成良性循环：老板也被这种传播所感染，也为这种优秀的企业文化与思想所激励，将奋发学习，不断推动企业文化徐徐深入、逐渐成形。

其次，老板自身在方方面面是自我克制的，还是事事都老子天下第一，或者是被垂帘听政的？

如果老板在方方面面都能做到自我克制，那么原本有些闪光的思想，一定会在光辉形象的促使下，更容易获得传播，传得更深、更远。

如果老板我行我素，时时事事老子天下第一，那原本有优势的老板思想在他的这一行为模式之下，也将彻底歇菜。企业高管和人力资源团队一定难以做到让老板配合好企业将其思想传播出去，培育出来。

如果后宫垂帘干政，那老板思想一定很难逾越垂下的帘子，被后宫莫名其妙地予以修改，然后潜移默化地滋润着企业文化的土地。这里我们不得不承认，女性（枕边风）在传播这方面有着先天的优势。

总之，无论老板有着怎么样的思想基础、企业有着怎么样的文化基础，企业内部金字塔顶端的老板（含老板娘，不含小秘）最好还是应该将自己打造成企业里面的思考者、学习者、实践家，以此去影响下面的企业高管们，以润物细无声的姿态细心培育出只属于自己的，他人无法山寨的企业文化！

第四节　市场火力

企业文化的第四个形成要素：市场火力。

千万别认为，市场火力就是扫倒所有的竞争对手，独步天下，市场火力更多的还应该是以产品的推陈出新为焦点，形成强大火力与活力，在市场上来几曲优雅的探戈。

此"火力"非彼火力凶猛之火力，可以理解为活力、创新能力。比如，那个被咬了一口的苹果：

当我们手里分明已经捏着苹果四代了，心里面却常常惦记着那个尚未露面的神秘的苹果五代，这种现象就是市场火力带来的结果。市场火力可以被理解为，强大的创新能力、推陈出新的能力，强大到什么程度呢？还没问世就被关心、被惦记、被追逐。

这方面，苹果公司是绝对的典范。非常遗憾，当笔者正在写这部书的时候，乔布斯先生还是苹果的CEO，当笔者开始修改书稿的时候，教父级的乔布斯已经作古了。为怀念这位活力与创新大师，在此谨引用一段2011年10月6日20：01，笔者为乔布斯离世所写下的一则微博向大师致敬："乔布斯，一个勤奋的人；乔布斯，一个激情的人；乔布斯，一个冷傲的人；乔布斯，一个有艺术细胞的人；乔布斯，一个男人；乔布斯，一个受人尊敬的50后的男人；乔布斯，一个上帝的近臣，正在上帝身边聆听讲座。"

市场火力，源自产品活力；产品活力，源自不断推陈出新，并且是从人性化的角度推陈出新；产品的推陈出新一定源自企业内充满活力的创新机制、创新思维和创新管理。

创新的口号现在几乎是喊破天了，在舆论以及媒体的推波助澜之下，现在我们的架势好像是跑步进入全民创新的历史阶段了。

很多时候，我们可能都有这样的感受：创新的口号震天动地，落实到行动却依旧是老一套。该改一改的，改不动、推不动，应该继续努力维系的，却因为执行力不足而被"创新"得一塌糊涂。

那么企业的创新，该怎么去搞呢，刷上墙的口号怎么样才能成为实际行动呢？

我想一定要从很小的事情开始，因为这些很细微的点，最终一定能形成线、构成面，而这些点线面必将构成企业行为的全部过程，全部过程的结束是以产品（或服务）为终级输出形式的。同时，只有企业行为过程创新了，其终级输出才可能是创新型的。

如此一来，活力与火力也都具备了。

"企业文化是一个很大的话题"——这是我们最常见的论调，很是经典；但凡大的、宽的、广的东西都不是一朝一夕所能形成的、所能构建的，需要持之以恒地予以孕育、浸泡，最终方可能入味。

笔者认为，在企业文化这一很大的话题里面，隐藏着一个最常见、最基本的矛盾现象：国人都是历经了几千年儒家文化浸泡过的，骨子里面或多或少都有些儒家思想。但是，在企业管理过程中，在企业文化的构筑过程中，却总是能看到和听到有人操起法家的大棒，一顿狂舞，于是搞出来的那一套不是不被认可，就是四不像。这一基本矛盾不可忽略。

第六章
人力资源管理

第一节　资源中的人力

人力资源管理，也是一个热得烫手的话题。

我个人总是认为，人力资源管理，是企业最能体现双赢一面的一个重要管理环节。

企业推行人力资源管理，一方面是合理利用每个职员的体力与脑力资源（不含情绪资源），而不是杀鸡取卵；另一方面，是为了让企业的明天不后继乏人，至少是不一直紧张于方方面面的人才。

而企业里面的个体，是完全可以在人力资源管理这个环节或单元中被增值、被进步的。

从理论上来讲，这种双赢的局面应该是人力资源的终极追求所在。遗憾的是，还是那句话：理论和事实之间总隔着一条大河。

在谈人力资源管理之前，我们先看看财务整天都在折腾的三个表之一的《资产负债表》（另外两张表是《利润表》、《现金流量表》）的"资产"一栏中有那么一项"无形资产"，现在财务人员通行的做法是，直接忽略无形资产，即使能够在该栏目中见到金额，那也是专利、商标这类资产的市值。更多的企业，财务人员都在该栏目很认真地填上了一枚咸鸭蛋：0。

笔者认为，人力资源应该是企业最大的无形资产。

如果某企业高管，每年能为公司贡献500万元的利润，那么该高管的薪资大约会是多少？

反过来，如果某企业高管，年薪50万，那么在老板（或董事会）的期望值中，该高管应该为公司贡献多少利润？

其实，答案并不重要，重要的是我们因此可以真正理解到一个基本观点：人力资源，一定是企业最为宝贵的资产之一，我们理应将其纳入《资产负债表》中"无形资产"这一项。

笔者甚至期许，将来会计做账时会因为《会计法》的修订，而将这个无形资产做得与其他有形资产平起平坐，甚至远远高出其他资产。

当然，作为第一生产力的科学技术也不容忽视，说不定哪一天，机器人大行其道了，那玩意儿猛：不吃不喝，专门干重活。但愿它将来不至于来抢我们子孙的饭碗。

的确，现代企业都意识到了人力资源管理的重要性了，但是各家企业的区别在于：是否将这项工作定位于重要的战略地位。是实施了管理，还是治理；是榨干式的管理思路，还是为企业明天布局式的高端治理？

有人将人力资源管理形象地总结为"五人"——招人、

选人、用人、留人、育人。

"两条腿的狗找不着，两条腿的人遍地都是"——这是某些强势老板或人力资源总监的狠话，毫无悬念，他们的思路是榨干式的：人走了就招，招进来了就使劲地用，大不了稍微多付出一点人民币。至于留人、育人，那是浮云，遥不可及的浮云。而且用着不爽了，就换。

这种思路下的人力资源管理只干一件事：拐进来，踢几脚，送出门。这种思路，注定是死路，不值得多谈，市场终将会狠狠地教训一下他们。

当然，上述情况一定是一种极端负面的人力资源管理现状。更多的企业，还是在往用人、育人方向努力地实践着人力资源管理。因此，做好人力资源管理一定可以实现企业与人才双赢。

一方面，企业为自己明天的发展培育了人才，在人才方面全面或者部分地完成了布局。

另一方面，企业内部的个体（人才/潜在人才）也获得了增值，为自己今后的发展在有意或无意之间夯实了根基。

非常遗憾的是，这两方面，企业或者作为企业个体的人才，往往总是看不到稍微远一点的明天，都更多地聚焦于眼前。于是，原本的共赢或和谐演变成了菜市场上的讨价与还价，演变成了原本绝对可以避免的"阶级斗争"。

如果企业不愿意承受压力，去培育自己企业明天的人才，那么企业里面潜在的人才，自然也不愿意承受今天的委屈，毕竟职场不是雷锋聚集地，而是活生生地抢市场、抢饭碗的"革命战线"。

一旦不能形成劳资双方实现共赢的局面，那么企业内部劳资双方的矛盾势必爆发出来：企业不停地招人，反正两条腿的人多的是，中国有十四亿人，不怕招不到人；对于"人才"而言，则是不停地求职，"此处不留爷，自有留爷处"，惹不起你，难道还躲不起吗，打一枪换一个地方，只要能继续干活就成。

在这两个"不停"之间，谁能稍微做点调节性质的工作呢？

笔者认为，是企业的管理者，而且一定是非人力资源部门的管理者。人力资源更多的职责是引导企业各部门在各个岗位展开合理的、显性的、隐性的人力资管理，并及时地干预一些随时可能出现的过于粗糙的用人、育人、留人方式，因此其大量而具体的工作则一定都落实到了各个用人部门。既然都落实到了具体的用人部门，那么这些部门经理就应该而且必须开展一些人力资源管理方面的工作。因为这些职员，都是部门最核心的、最重要的资源。

总之，部门经理时刻应该牢记，部门里最大、最核心、最重要的资源是那些职员们，他们是企业最珍贵的资产之一，尽管在《资产负债表》上暂时还没有他们的身影。

第二节　培育领导

"蜀中无大将，廖化作先锋"已经成了一句俗语，甚至连小学生都能听懂。

《三国演义》无疑是一部伟大的小说，其伟大之处不仅仅在于文学贡献方面，而更在于它曾给了无数国人快乐的童年。

刘关张孔（孔：当然是指诸葛亮老先生）四人，在罗贯中先生的笔下，无一不充满着英雄主义的传奇色彩，他们轻而易举地就收走了我们在豆蔻年华与青葱岁月中那纯真和灿烂的情感。

多年后，当我们在职场中磨砺过后，转回头去看《三国演义》的时候，这才发现曾经让青葱的我们仰天长叹、仰天长息的故事结局——最先倒下的"大蜀帝国"，其实是历史的必然。

"白帝城托孤"是蜀国开始步入没落的起点，从此一蹶不振。

为什么这么说呢？

因为"蜀中无大将，廖化作先锋"（请注意：这是在刘禅继位多年后才出现的现象），蜀国为什么没有大将呢？这应该与诸葛亮脱不了干系，我们从育人、用人的角度回顾一下几个耳熟能详的故事。

诸葛亮为刘备的江山奋斗了二十多年，最终星落五丈原，鞠躬尽瘁，献身于蜀，殉国于蜀。在这漫长的二十多年里，竟然没能培育出一个丞相接班人，这不能不说是一种遗憾。

你可能会说后来不是有了一个身受诸葛亮真传的、能征善战的、一计能害三贤的姜维吗？

姜维的确是个杰出的人物，但是，霸王硬上弓的他终于没能继承孔明的衣钵，这是历史的必然（后文略作分析）。

孔明星落五丈原这一悲壮的历史故事，又留给世人一句俗语——"死诸葛走生仲达"。诸葛亮去世前留下的锦囊退敌妙计中，用的还是他自己，真是鞠躬尽瘁！一名高级领导，操心到这个程度、这种境界，足见没落的蜀国是多么的匮乏人才！

接着说五丈原之后的故事，魏延是刘备留给孔明的一名有勇有谋的将才，但是却不符合孔明的道德观，以及魏延为人过于清高，看不惯杨仪这等小人，自己也不太懂得为官之道，结果被孔明先生用最后一个锦囊妙计除掉了，蜀国也就真的不再有将才了。

这不能不说是孔明先生用人的遗憾之处了。

最后谈谈诸葛亮留给蜀国后主刘禅的唯一人才：姜维。

姜维是公元228年降蜀的，而五丈原的悲剧是发生在公元234年的秋天，也就是说，从姜维归顺蜀国到诸葛亮殉国，只有短短的6年时间。

姜维加盟蜀国的这6年时间，除去2年的前期考察期，只剩下4年了，于是就有了后面很精彩、很灿烂却也很遗憾的一幕：姜维在孔明走后，尽管官至司马，征西大将军，但是始终不能进入核心权力圈子，而始终只能纵马徘徊在沙场上，往返于北伐的途中，游走于老臣们的排斥之外。

年少时的我们一定无法领会，这个孔明关门弟子其实在蜀国混得有多悲凉、多伤怀、多郁闷、多纠结。

遥想当年，姜维一定是只能在北伐的沙场上、征途中，才能将那些内心的纠结与伤怀化作神奇的力量，玩玩刀光与剑影。能解读到这个层面上，我们也就能很自然地接受姜维最终悲惨的结局：后面司马昭伐蜀，姜维英雄无用武之力，奉诏投降一计害三贤，拉上俩重量级的垫背人物邓艾与钟会。

故事说到这里，我们不妨思考一下，遗憾是谁造成的？难道姜维不是人才吗？

让我们再回到故事：在孔明先生弥留之际，后主刘禅差人问过接班人这个很重要的后事，孔明推荐的接班人是蒋琬和费祎，没有指定姜维，那是因为姜维资历实在太浅了，太嫩了。诸葛亮在用人方面谋略没发挥出来，否则历史上曾经辉煌的强汉时代或许还能得到延续，那时候的帝国版图很可能会进一步扩大。

当然，诸葛亮在用人、育人方面的短板，丝毫不影响他的历史地位，后人给出的结论是文学家、军事家。其训子名句"非淡泊无以明志，非宁静无以致远"至今仍然保持着其先进性，仍然能指引着我们在职场上和思想境界上前进。

的确，至今仍有很多企业仍在沿着蜀国的道路悲壮地前行着。诸多的高管也与孔明先生一样，忘记了一件事：自己肩上的人资管理职责。

我们不得不承认，企业内人力资源管理方面最权威的还是老板，因为企业人事布局绝对不是来源于人力资源总监，一定是出自老板的想法，人力资源总监无非是按照老板的意图、企业的习惯和文化去做，至于能实现到什么地步，那是另外一码事了。至少，我们应该做到：不要忘却肩上还有那么一份育人的重要职责。

第三节　人力资源管理的最后五千米

城市愈发地拥堵，是我们这个星球正在面临的一道难题，这道难题一定将长时间地考验着人类的智慧。

从杭州到上海的沪杭高速公路是双向8车道的，120千米/小时的时速90分钟就能跑完全程，这条高速公路的每日车流量是2万辆次。也就是说，尽管车子非常多，但是这丝毫不影响你愉快地驾驶，打开CD，当你打算重听一次的时候就抵达上海了。

但是，我们的目的地一定不是上海的高速收费站，一定是市区的某个写字楼、某个景点或者某个小区等，总之绝对不是收费站。

既然目的地不是收费站，那么问题就来了，下了高速，进入城市之后的驾车一定是毫无乐趣可言，那最后的5千米，能让你爬行1小时，甚至是几个小时。

我们回头看看在高速公路上跑得多快、多爽，有什么意义？唯一的意义在于：能高速地向目的地靠近，不是高速地抵达。其实，众所周知，最后那段路才是关键。那么，人力资源管理的最后那段路是什么呢？

招人、选人、育人、留人，都是为了用人，企业永远是企业，不是学校，是在市场上直面激烈竞争的团队。那么人力资源管理的终极核心就是用人，这就是人力资源管理的最后那段路。

那如何从人力资源管理的角度出发，去开展用人方面的管理工作？

首先我们要了解企业在"用人"这个终极核心目的上，最容易测量的元素是时间——出勤时间。

出勤时间一定是可测量、可考评的显性要素。至于笔者在前文中谈到的出工不出力，出体力不出脑力的问题，其实属于领导问题和管理问题，但一定不是人力资源这方面的管理问题。

那么，在"用人"时间上如何管理？

考勤，统计，激励出勤多的，鞭策出勤少的，送走不出勤的。

我实在还想不出，除了这几招之外，还有其他的什么绝招。

用一下高科技（红外、指纹、声控、视频、条码）去监控一下，统计一下，监控和统计完毕之后一定还是回来干那么一件事：算钱——扣多少？奖多少？虽然很俗，但却也只能这么干，除非你也是刘德华，只需要跟粉丝照一张相，粉丝都能激动好几年。

《道德经》有言"天下大事必作于细，天下难事必作于易"，人力资源管理是天下大事，也是天下难事，从出勤时间管理这一细节做起，值得管理者予以重视！

第四节　画大饼

诚然，对于企业内的个体而言，"人进来—人出去"，人力资源的全部工作也就完毕了。

唯一不同的是每个企业会形成属于本企业的一套管理方法并进行着属于自己的细节方面的流程。

但是，值得注意的是在这个"人进来—人出去"的过程中，有一个职业规划环节。

在这个人人都是专家、人人都讲求个性的年头，职业规划是比较难做的。

比如，企业领导给他的新职员简要地做出了规划：你得先在生产线上锻炼2年，然后才能进办公室，在办公室内做白领锤炼2年，然后就能去开发部磨炼了。

这种规划的结果一般都是：新人卷起铺盖就跑路！我的大好青春就这样被你们这些领导给整掉了四年，对不起，我不玩了，再见！

但是，企业的问题通常都很难搞，多难也得硬着头皮搞，这是市场洗礼的结果，不搞就是等死，搞了没准多活些年。

对于职业规划来说，笔者一直抱着不是非常乐观的看法。因为职场新人在步入社会之后，一般都有着自己的规划，即使是一线的作业人员也一样。比如，在外面闯几年，挣点银子（顺手的话还可以娶个老婆或嫁个老公），然后要么回老家去盖座小洋楼，要么去做点小买卖，这个规划是非常普遍的现象。

至于接受过高等教育的人，自我的规划往往就更加灿烂、多姿多彩了，无需笔者罗列，总之就是心比蓝蓝的天要高出好大一截。

但上述这些都不是很重要，对于企业来说，铁打的营盘流水的兵，职场人来来去去、进进出出是常态了，这丝毫不影响人力资源的职业规划工作。正所谓兵来将挡水来土掩，每一家企业、每一个在市场上冲杀的团队，都有其核心员工（"将"和"士"），这些核心员工的职业规划却是万分的重要，做好这些核心团队成员的职业规划，绝对是人力资源宏观管理工作的重点所在。

有个很常见的现象是：能者被多劳了，而且是多年如一日地在同一岗位上劳作着。这种用人思路，神仙也难以给团队注入活力。反正用着顺手、用着安心、用得放心，就那么一直用着吧！但是这种搞法很要命，可以将人打造成机器人，冷血而勤劳的机器人！

针对团队核心成员的职业规划，笼统地说是给员工设计一下升职通道。如果不做职业规划，最糟糕的情况就是多了几个勤劳的、冷血的机器人；反之，如果做了职业规划，问题就会出现，如果核心员工一直都升职，这条道一定会拥挤不堪，更要命的是金字塔式的组织结构体系决定了越往上走，可提供的职务越少，怎么办？

　　这个升职需求与企业可提供的空缺职务少之间的矛盾应该如何化解呢？

　　从职业通道这个角度看，这也是迫使企业不停地拓展疆域，开拓市场，将盘子做大、做强、做精、做细，唯有如此，才能兑现我们在人力资源管理方面给核心员工画的那些大饼。

　　当然，作为企业经营者，也可以选择不画那些大饼，或者是说让那些大饼一直悬在蔚蓝的天空中，那么这些仰望着大饼的团队核心成员也会选择对那个遥远的大饼不屑一顾，甚至连瞟一眼的兴趣都没有，这时候大家的状态应该可以用一个字来概括：混。

　　总之，职业规划可以不必全员开展，但是企业核心员工的职业规划工作必须开展，否则时间久了，大家就可能成为勤劳（或者怠工）的冷血机器人！

　　核心员工的职业规划是否都能够实现，这又取决于老板的决心、毅力以及经营能力。只有不断地扩大市场，不断地发展事业，那些规划才不至于成为永远悬挂在半空中的大饼。

　　此外，人力资源部门还有一项相当重要的工作：绩效考核体系的设计与建设。有些人力资源经理很能干，无论企业实际情况如何，他们都能将国外的"KPI"、"平衡计分卡"等那一套走到哪搬到哪，这点笔者真是相当地佩服！在企业里面推行绩效管理体系的建设，需要足够的勇气和决心，因为这样势必会动了大家的奶酪，效果如何，只能说是如人饮水，冷暖自知了。

第七章
品质管理

第一节　看不破的品质"红尘"

在这一章我们将谈谈令生产型企业感到最为头大的品质管理。毫无疑问，这是生产型企业内部的重灾区，客户的抱怨和投诉常常让企业的最高长官夜不能寐。

我们经常能够发现生产型企业的一个奇怪现象：

当生产结束之时，品质管理也尾随生产结束了，然后等到下一个生产批次开启的时候，品质管理奇迹般地苏醒了，然后尾随生产无情、无爱、无欲、无痕地开启，其结果却依旧还是尚未等到开花结果就结束了，留下一堆数据，孤寂地躺在了电脑的硬盘中。

如此看来，品质管理真的非常玄幻。

品质管理的辉煌历史无需罗列，从铺天盖地的ISO体系认证机构广告，我们就能够感知到品质管理已经是多么成熟的学说体系。

接下来我们将跳出品质管理的圈圈与体系，

来谈谈笔者对品质管理的理解与感悟，至于那些很专业的品质管理学说和理论我们还是听专家的吧，笔者就不凑那个热闹了。

对于生产型企业而言，品质管理实施过程中，总有诸如漏检、误检这类的低级错误令我们头大三尺，那么导致出现这些问题的根本原因是什么呢？

你可能会认为是责任心、是执行力、是工作经验与技能、是管理有漏洞、是策划不到位……总之你能想到无数的原因。

的确，我们不否认上述这些无数的原因，但笔者更认为导致品质管理低级失误、一线工作不到位的根本原因在于：我们的一线品质管理人员，始终未能看破品质"红尘"。

在解释这个观点之前，我们需要先思考一个问题：一线品质管理人员每天忙忙碌碌在检的具体对象是什么？

在生产型企业工作过的人都知道，一线品质管理人员在检的对象一定是产品。检产品的尺寸、外观、性能、寿命，通常来说，仅此四大项而已。

那么我们希望通过检验产品的尺寸、外观、性能来达到什么目的？

一线品质管理人员的第一直觉和判断，一定是通过检验来判断这些产品是合格品，还是不合格品。这点所有人都能达成共识。但是如果只能看到这一点、想到这一点，一线品质管理人员一定是没有看破品质"红尘"。

其实，我们对产品所展开的所有检查，都是以产品的尺寸、外观、性能为媒介、为载体，来评判我们的生产过程和制造过程的风险。

如果，我们能认可笔者的这一观点，那么我们就很容易得出结论：我们对产品所展开的所有检查，都是在检风险，以此评判风险值是X，是Y，还是Z？或者直接就是咸鸭蛋"0"？

但是人的思维的确有吊诡之处。

当我们发现了任何风险之后，接下来本能地会去干的一件事情绝对不是立即采取措施去控制风险，而是对事实抱以怀疑。紧接着要干的事情则是验证：要去确认一下真的是这样的吗？直到切切实实地感受到事实已经存在，方才走下一步。

这个心理细节活动，在一线品质管理人员那里是非常有帮助的：

当一线品质管理人员能看破该基础性的品质"红尘"，知道自己在检的对象是风险之后，他一般都能敏感地甚至好像先知先觉地察觉到风险的存在；进而进一步去确认风险值是多高，然后就会按照企业制定的品质管理规则流程办事。

下面让我们再回到本章节开篇的话题上去，生产型企业常常发生一线质检漏检这类的低级工作疏忽、不到位的现象。想杜绝这一现象的直接有效途径一定是得让他们先看破"红尘"。

职场中这种不能看破"红尘"的现象应该不仅仅只是停留于品质管理环节。比如，我们常常会在忙忙碌碌之中忘记问问自己，在忙什么？

如果生产型企业一线品质管理人员整天抱着仪器和量具不停地检着、测着、判定着，却时常遗忘自己到底是在检什么、测什么、判定什么，那么我们很难相信，他们能识别生产过程的风险所在。如果连一线品质管理人员都不能识别出风险所在，那么公司输出的产品在市场上被竞争对手所歼灭，也就是迟早的事情了。

第二节　金刚钻与瓷器活

如果您跟笔者一样，对生产型企业的品质管理也略懂一二，那么请不妨思考一下：对于已经揽下瓷器活的一线品质管理人员而言，他们的金刚钻又是什么？

是那几把卡尺或那一堆貌似精密的检测量具与仪器？

还是质量管理体系？

或者还是品质管理人员那看似充满智慧的火眼金睛？

首先我们思考一下生产型企业对产品品质的要求来源于哪里。

这个问题，我们首先想到的一定是我们的上帝：客户。

的确，品质要求的最终来源一定是高高在上的"上帝"——客户大人。

产品品质要求包括两个方面：

第一，产品本身的工作原理与功能、性能方面。例如，我们购买了一只手表，这只表必须得走时准确，手表内部零件的品质要求一定是源自手表的工作原理以及走时准确这一核心要求。当然，还有诸如漂亮、帅气、高雅、高贵等其他要求。

第二，生产该产品的工序要求或工序需求。

这个也应该很好理解，因为产品内部零件的某些尺寸或外形设计可能是源自方便生产成品时的组装作业，最基本的要求是至少要能够实现批量生产。

因此，对于已经揽下瓷器活的一线品质管理人员而言，他们的金刚钻就是懂得产品的工作原理以及生产工序与工艺原理，这才是他们应该和必须持有的金刚钻。

具体地说，作为已经揽下瓷器活的一线（请注意，笔者强调的是一线）品质管理人员的金刚钻，需要具有两个方面的关键性的知识技能：

一方面，他必须得懂这个完成品是如何工作的，如何实现其最终性能的。

比如前文的手表，他必须懂得这个东西的工作原理：发条上紧之后，轮系的动作顺序；秒针、分针、时针都分别是如何驱动的；影响走时精确度的核心零部件及其尺寸要求。否则的话他一定不能理解零部件的品质要求是怎么来的。

另一方面，作为一线品质管理人员，他必须懂得这个产品在公司内是如何生产和组装完成的。

对这方面知识技能的娴熟度要求，好比我们在媒体上多次看到的报道——威武的解放军战士能蒙着双眼，在几十秒钟时间之内完成一挺机关枪的拆卸与装配。

总之，上述两方面构成了生产型企业一线品质管理人员的金刚钻。

有了上述的金刚钻，揽点瓷器活是没有问题的。至于金刚钻用到哪个境界，那得看各自的意愿与领悟了。

第三节　玄幻的品质变化

接下来，笔者将针对生产型企业品质管理谈一谈品质管理环节中最玄幻的一幕：这里的变化静悄悄——玄幻的品质变化。

具体来说就是，产品品质莫名其妙地变得很糟糕，昨天还能哼着小曲忙着赶产量的生产线，今天就四处冒烟、八处起火；然而奇怪的是还没来得及彻底纠正与预防，神奇的产品品质居然自动自发地火灭了、烟熄了，问题没有啦！

有点不可思议吧！

玄幻吧！

如果你也在生产型企业呆过，这样的场面你一定经历过。

之所以说玄幻，是因为过程中好像经常会有神秘的因素在静悄悄地变化，让我们不知不觉；也正是因为变化都是静悄悄的，所以我们总是被动地救火，在品质数据方面常常疲惫不堪，向前走的那一步异常艰难，有时候甚至从年前爬到年尾，数据不仅不上升，反而还噌噌噌地往下降，让品质经理颜面扫地！

常言道：人无远虑，必有近忧。

同理，如果我们今天面临的局面令自己十分满意，那也不是今天所促成的，而是以前我们曾经远虑过。

这一逻辑，在品质管理层面同样有效。

下面我们谈一谈影响品质的致命因素：静悄悄变化着的4M1E对产品品质所产生的玄幻的变化。当然，笔者重点是谈原理，而不是谈技术。

4M1E是指Man（人）、Machine（机器）、Material（物）、Method（方法）、Environments（环境）。我们通常简称为：人、机、料、法、环五要素——影响品质的核心五要素。

试想如果在生产过程中，4M1E的五个核心要素一直保持不变，那么生产出来的产品会有变化吗？

答案是显而易见的，绝对不会变化，这也是我们梦寐以求的结果。

然而，事实上，这种一成不变的稳定，一般来说都是神话，这五大核心因素总是会发生变化，而让我们头痛的问题就是这五个因素的变化总是会带来产品品质的变化。

让我们更头痛的问题是，这五个要素的变化通常是悄悄地发生，为什么说变化是悄悄地发生呢？因为我们的品质管理人员通常对其视而不见，让变化在我们眼中悄悄溜掉，而这是致命的！

例如，原材料已经发生了变化：材料供应商由甲供应商变为乙供应商。由于甲乙两家供应商的材料之前都曾得到过我们耐心地检验与确认，所以生产过程中进行材料切换也就成为天经地义、可以悄无声息地进行的事，于是这种材料变化所带来的品质变化也就悄悄产生和溜走，而我们毫无察觉，一直到生产出来的产品在后工序、在客户那里、在市场上出问题了，我们才开始回头追溯原因，查出"元凶"（事实上很多时候这些变化都成了无头案，永远也破解不了）。的确，与其如此费力，还不如当初就予以重视。

你也许会认为这样的情况是因为没有建立品质管理体系，其实不然。事实上，这些基础性的管理环节，一般制造业都建立了流程，只是因为我们的一线品质管理人员往往没有对4M1E建立深刻的概念，所以这些显性或隐性的变化都直接被忽视了，尤其是类似上述案例这样曾经被认证过的某些环节。

此外，关于4M1E还有一个很典型的现象就是，头痛医头、脚痛医脚。就是说4M1E已经变化了，品质管理人员也注意到了，并且为此遵照流程规定抽取样本检测了，可是品质管理人员只将注意力集中在了变化的局部上，却没能够意识到该变化可能对产品品质的方方面面产生影响。于是，很奇怪的结果就出来了，取样检测居然只是顺着主观判断，跟着直觉与感觉走，而遗漏和疏忽了品质的全貌，由此发生一些原本绝对可以避免的质量事故。

关于4M1E，其中最难以控制的是那些隐性的变化，也就是说是非人为的、非主观的、难以察觉的变化，或者说4M1E五项要素中某些要素的变量非常非常小，实在让人难以察觉。例如，某些生产原材料的含水率悄无声息地变了，我们丝毫无法察觉，于是带来了品质隐患。因此，在搞定那些隐性的变化之前，我们先搞定那些显性的、直观的、主观的和人为的变化，只有这样其他所剩下的隐性变化才能减少到最低，品质受控面自然也就拓宽了。

可能会有品质经理会认为在4M1E五个要素中，环境变化是不可控的。

诚然，春夏秋冬四季分明，但是冬冷夏热是自然规律，温度会对产品品质产生较大（或者是巨大）的影响。

于是，品质经理积极地向老板献言献策，讲述了一万个理由，给出一条光明的道路：生产车间必须装空调。

四处都缺钱的老板两手一摊，回复品质经理两个字：没钱。同时还强调着一点：空调是没钱装的，品质是必须保证的！

再牛的品质经理此刻也只能硬着头皮想方设法，将环境变化对品质的变化控制在最低限度，即使丝毫也控制不了，那也得干一件事：别让不良产品在市场上丢人现眼！这是必须做到的！

虽然在某些情况下，品质经理的确控制不了环境变化对品质产生的变化，但是其底线就是不要让不良品溜出去，必须将其扼杀于生产现场。此外，还可以做的事情就是，用其他手段来尽可能弥补环境变化所产生的影响。

总之，笔者需要强调的是，品质经理应该识别出4M1E的变化，并找出肇事"元凶"，而采取必要的控制方式与方法。唯有如此，品质变化方才可控、方才受控，而不至于那么神奇和玄幻！

第四节　优良的种子

在农村生活过的人都会知道：为了来年的丰收，需要提前一年做些必要的工作，比如选种。而优良的种子是需要培育和挑选的。

我们可以得出这样一个结论：我们时常忘记为下一个批次的批量生产留下几颗优良的品质种子。

下面就这个品质种子问题，笔者稍微谈一谈自己的个人理解与认知。

生产型企业在生产过程中一定会不停地遇到效率与品质方面的各种问题，同时这些问题可能暂时也解决不了，这是可以理解和接受的，不过虽然目前解决不了，但是问题一定要是可控的；而且，如果这些品质问题时常尾随生产结束而结束，接着又尾随下次生产开始而闪亮登场，那就十分不正常了。而这个不正常的品质责任，一定在于企业内部品质管理部门的领导。

同时，笔者认为，生产计划方面的工作原则，除了考虑精益生产这个方向之外，还应该服从品质管理的需求。

就是说，企业在满足了市场订单之后，不应该随即结束生产，而应该为了解决某些品质问题，将生产延续下来。只是，需要牢记，这个生产只是为了满足品质需求，只是为了解决品质问题。所以，这时候的生产是一种排练和试验性质的生产，要设定各种条件争取让问题再现，从而找到根本的4M1E变化点，并用各种可行的方法去弥补、修复进而解决变化点带来的品质问题。

上述这种排练和试验性质的生产，根本目的是为了获取下一个批次生产的优良的品质种子。

当然，这种方式稍微显得有点奢侈和麻烦，所以在生产型企业里是很难开展的，因为具体干活的人，他们的思维永远是朝着尽快将活干完这个直线方向上走。但是，即使不搞这种排练性质的生产，也很有必要在会议室内通过头脑风暴模拟一下，以梳理出相关问题的解决途径，然后逐一予以实施。当然，这个实施就只能安排在下个生产批次之前了。事实上，很多企业都是这样做的，从体系的角度来讲，这就叫做"持续改进"。大家共同的问题在于：持续改进改到后来往往没个结果，改到后来大家都遗忘了去审核那个结果。如果结果都没了，还想要优良的品质种子，那基本上也只能是一个神话了。

关于品质管理这个话题就谈到这里，这一章无非是强调将品质管理工作重点放在预防这个层面上去，而这是品质管理者和领导者的核心工作所在。

如果一家生产型企业的品质管理领导将全部精力放在了搞定客户这个"副业"上面，那么这家企业所生产的产品质量一定是非常地差。而企业最终也会因此受到市场的严厉惩罚，借用一下那句电影《无间道》中的经典台词"出来混，早晚是要还的"，这句话对于在市场上混着的各家企业同样适用。

我们经常能在企业中看到"质量是企业的生命"之类的口号被贴在了墙上，如果产品质量真的是生命，那么一定需要一颗优良的品质种子，这个脆弱的生命是真的需要用心、用脑、用方法去呵护的。

笔者期望企业内部的品质种子都能得到有效呵护，别被那些歪门邪道的"化肥"（比如销售部门为品质问题而采取的"公关"措施）贫瘠了这一原本肥沃的"土地"，并由衷地希望品质种子能在"公司人"和"制造人"的呵护之下茁壮成长，绿油油地灿烂于蓝天白云般的市场之下！

第一节　其实十元奖罚的威力也很巨大

谈到奖励与处罚这一有着深厚历史渊源的管理手段之时，我们总能想起诸葛亮的那篇名作《出师表》。

在领兵北伐之前，孔明先生以上疏的书面形式对后主刘禅谆谆教导："宫中府中，俱为一体；陟罚臧否，不宜异同；若有作奸犯科及为忠善者，宜付有司论其刑赏，以昭陛下平明之理；不宜偏私，使内外异法也。"诸葛亮的良苦用心就是希望阿斗能在自己出差不在岗期间，赏罚分明，无论是在皇宫中还是朝廷上，都不应该偏袒任何一方。

想必孔明先生的这一赏罚理论永不过时，至少近两千年来还是保持着与时俱进的状态。

职场中的奖励与处罚，也是最常见的管理工具与杠杆，但是有意思的是，如果被奖励了，没啥太多感觉，顶多大家聚一下，用奖励的那点钱喝点小酒，吹吹大牛；反之，如果是受处罚了，那完蛋了，没准当被处罚对象都已经退休了，无须翻笔记本也能想起，在公元XX年YY日ZZ日，曾被那张三主管罚款100元，后于公元XX年YY月ZZ日，又被那李四主管罚款200元……总之人一定会很清晰地牢记自己被处罚的每一笔账！

奇怪吗？

其实一点都不奇怪。

正是因为受到处罚之后当事人能记住，所以管理者才不厌其烦、不怕挨骂地开罚单罚款、扣绩效、扣奖金，总之就是拿钱说事：扣钱，扣到当事人有感觉为止。所以当事人印象深刻，直到退休后还能"如数家珍"地回忆起职场岁月中，曾经被罚、被扣钱的历历往事！

事实上处罚也可以不让当事人印象深刻那么多年，毕竟让公司人于退休之后每当想起来企业就是罚单，这也挺残忍的。

可问题是，当罚款金额特别小的时候，似乎管理者也同样会觉得难为情。

举例来说：如果你也是管理者，让你给部属开一张10元钱的奖励单，你会不会难为情？如果你也是管理者，部属犯了可轻可重的错误，让你开一张10元钱的罚单，你会不会觉得这太少了，很没面子或者是很难为情？

如果你是管理者，你还从不曾想过这个问题，不妨想想看，反正多动动脑子也有益无害。

如果你觉得开10元钱的奖励单更自然一些，那么恭喜你，你的奖罚手法已经炉火纯青了。

如果你觉得开10元钱的罚单更自然一些，那么也恭喜你，你能给予部属诸多的宽容。

如果你认为10元钱的金额实在太小了，无论是奖励还是处罚，不仅不足以让部属心跳，而且觉得自己开这种单据还挺别扭，那么笔者认为你可能很久不奖不罚了，这样的管理方法可能不是非常合理。

其实奖与罚是每个企业都会采纳的管理措施之一，本身很正常，无可厚非，上述关于10元钱的奖罚无非就是将金额放到了极低的位置去操作一下罢了。

如果我们真的认为，奖罚都只是手段，而不是目的，那么这个金额也就不十分重要了，这是笔者对奖罚的解读。

职场上的惯性思维无处不在，如果我们留心一下，会看到这样一个有趣的现象：基层主管通常都能火眼金睛的一眼就看出部属的工作中哪些地方没有按照要求和规定执行，哪些工作没有到位，即使这些不到位的工作都隐藏得比较深，依旧逃不出基层主管的眼睛。但是，他们却通常不能在部门管理的高度、从对部属激励的角度识别出，哪些部属的哪些工作（或者说是哪些细节处理）是非常到位的，是值得表扬、值得肯定和值得奖励的，即使只是奖励10元钱。当然了，如果你去问这些主管，对方却又分明能够准确地描述出部门中的张三、李四、王二的工作表现是如何如何，这方面他们绝对清楚，绝不含糊。笔者认为，这个现象无处不在，因为在主管的立场上，做到位是应该，做优秀也是应该，事实上，这是温水煮青蛙的惯性思维，是有害的。

在揭去了奖罚的这层面纱之后，让我们再来思考一个问题：撇开处罚不谈，奖励的终极目的是什么？

奖励的显性目的一定是激励和表彰先进，显性的东西我们睁开眼睛都能看到、想到和悟到。

那么奖励的隐性目的是什么呢？

笔者认为，隐性的目的应该是帮助部属建立和强化自信心。

帮助部属建立自信心，是非常重要的管理工作。当笔者一语道破之后，相信你一定也能列出帮助部属建立自信心的几个作用和几个好处。

接下来，怎样做才能有效地建设部属的自信心呢？

笔者认为，最有效的方法一定是让部属看到自己的成绩。也许你认为这是废话，部属他自己一定知道自己是半斤还是八两。这个观点我同意。但是，部属通常会担心纠结于一点，很重要的一点：我这么卖力地干、这么漂亮地干、这么灿烂地干，上面的人是否都看到了？

这个问题的参考答案是奖励，即使是10元的奖励，也足以化解部属的纠结。

当然，笔者相信一定不是人人都能这样去奖励部属，因为还有一个问题：如果将部属的自信建立得无比强大了，作为主管的我还能控制住他们吗？我还能领导他们吗？如果他们得寸进尺，我该怎么办？

考虑到这个问题后，小辫子、小鞋子一类的手法——罚款就在职场上大行其道了，这也是企业界常见的现象。

试问，那些小辫子、小鞋子的手法实施者，是否思考过这样的问题：作为管理者，自己的自信心该如何去建设？

其实，作为管理者或者是领导者，在成就感到达顶峰的那一瞬间，我们自己在内心也一定是渴望被奖励的，可是在那一刻我们却从不曾给自己发放过奖励。没有人强大到可以为自己开一张10元钱的奖励单！

但是笔者觉得这是完全可行的，只是在操作的时候需要换个说法，比如奖励整个部门，这样无论是看上去，还是听起来，都是合情合理的。而且这也是管理者和领导者激励措施中的一个亮点，不应该使其成为盲点。

第二节　信心的逻辑

很多时候，我们都容易有这样的经历：

走进工作场所之后，莫名地就有些焦虑，因为面对我们的似乎是没完没了的"怎么了"、"为什么"、"怎么办"和"什么时候可以完成"等这样魔鬼般的问题。它们能让我们绞尽脑汁和费尽心机却不一定能得到我们想要的答案，有时候甚至抓破脑袋也找不出一个参考答案（因为面对上级领导，敢于讲故事的毕竟是少数）。

心理学家们将这个现象称为"焦虑症"，因此看来，职场人士中，患此症的多，不焦虑的少。

如果在刚刚入夏的时节，室外气温28℃，你认为这种气温是很热，还是很冷，或者还是很舒服？

如果以上述这个问题作为调查问卷的核心问题，抽样调查100个人，得到的答案一定不是一致的，比如会有人觉得很热；会有人觉得很舒服；也一定会有人觉得比较凉（如老人和患病的人）。

答案各不相同，互不认可，其实很正常，在那一刻，每个人都绝对只相信自己的感觉，相信自己身体对气温的反应，至于别人的感觉以及天气预报给出的气温数据，那些仅供参考。

因此问题出现了：在对天气是热是冷这个问题的判断方面，尽管答案各不相同，但是这丝毫不影响我们在这一问题面前的自信心；但是当问题被转移到工作场所之中的时候，我们的自信心似乎一下子无影无踪了，这是为什么呢？

之前，我们绝对自信于自己对冷热的判断，是源于我们无比坚定地相信着，即使全世界都欺骗了我们，我们自己的身体对温度的感应，以及与之息息相关的神经系统绝对不会欺骗我们。于是，在某些特殊情况下，即使是六月天，当室外气温38℃，当我们身体因故发寒怕冷之时，也需要盖棉被，否则会冷得发抖。

工作中所遇到的那些问题（"怎么了"、"为什么"、"怎么办"和"什么时候可以完成"等）之所以能令我们不安、焦虑甚至是烦躁，一定是因为我们不相信自己。

我们之所以不相信自己，也就是在问题面前缺乏自信心，是因为当我们面对这些问题的时候，首先自动自发映入脑海的画面是这些问题糟糕的结果。

当然，如果是因为作为职场人士的我们，本身做事就很懒散，除了工资之外别的都不放在心上，从而一问三不知，那是例外，不在我们讨论范围之列。

那些自动自发映入我们脑海的那些糟糕的画面会是什么呢？

笔者认为一定是事情没有一个我们想要的结果，然后在上司、团队和领导面前，会挨批。被批之后，我们会觉得自己失去颜面，紧接着就会心情不好。

就是说，当面对那些问题（"怎么了"、"为什么"、"怎么办"和"什么时候可以完成"）的时候，我们会焦虑、会不自信，是因为：害怕挨批的本能反应在作怪。挨批的本能反应是：被批之后我们会颜面扫地，会心情很差。

简单地说，不自信=颜面和心情已经交给了上司（领导）。

生活中十分常见的场景（身体对冷热的感受）与工作中面对问题十分常见的焦虑，二者的根本区别在哪里呢？生活中，身体对冷暖的感知被我们牢牢地捏在了手中，工作中的我们却在不经意之间将情绪、心情和颜面等这些都慷慨地交给了领导，交出这些的时候，无意间将自信也交出了。

第三节　别再强塞给上司批评的权力

这个话题，其实是紧接着上一节的内容，进一步深入探讨一下。

想象一下，当职场上的我们面对批评和表扬都能一样的时候，我们的内心该是多么强大！但是，这不是笔者所想要表达的重点，在这一节中，我想沿着上一节的思路继续谈一谈内心深处的信心的问题。

在上一节中，我们基本上算是给出了一个结论：生活中我们能将冷暖感知牢牢捏在手上，工作中我们却常常将颜面与心情都交给了领导，交给了上司，并没有牢牢捏在手上。

也许，你会问，我们怎么样才能将心情不交给上司，而是牢牢捏在自己手上呢？难道职场上的我们需要那种"死猪不怕开水烫"的"厚脸皮战略"吗？当然不是这样。我们将从两个你或许一直不曾意识到的层面揭晓一下谜底。

其一，当工作不符合组织的要求之时，挨批是注定的。

从有形的角度上说：当你听到了批评，看到了脸色，你感知到了批评，这是有形的批评。

从无形的角度上看，当我们的工作不能满足组织的要求，尽管你不曾听到过批评，甚至都不曾感受到过脸色，这绝不意味着领导对我们是没有意见的，只是那个批评隐藏得比较深，但是无论藏得多深，批评都还是在那里的（你爱或不爱，批评都藏在那里，不增不减），这是无形的，至于啥时候会转换成有形，无可奉告。

其二，职场上的诸多同仁不仅将心情交给了领导，而且将批评的权力也全数交给了领导。

站在领导的角度上看，最害怕的人莫过于这类部属了。

身为领导的管理者，一方面执掌团队，组织就已经赋予了其批评的权力；另一方面，部属还将额外再奉送一份批评的权力，因为他们从不曾自我批评。这点的确很可怕。

下面笔者将举例探讨和说明一下。

职场上的任何人都可能犯错，包括老板本人，只不过企业内老板即使错了也没人会一竿子到底地对其进行严厉批评，但这绝不意味着部属们不在背后批评，不在心里面悄悄地批评，更不意味着市场会无限仁慈、无限宽容地因犯错的人是老板而免于问责，反而一定会狠狠地教训他一下，让其认识到什么才是错，什么才是市场。

但愿这个案例能让大家理解前面的"其一"。

职场上的高管犯错也并非十分稀奇。

当老板面对高管的失误，一般都不会采取很极端的批评方式，而通常是轻言细语地一带而过，或者是躲在某个房间密谈一番：一对一地教育一下。

高管犯错，之所以会是这样，是因为高管都具备了批评与自我批评的能力与特质，正所谓"响鼓不用重锤"，高管之所以能成为高管，这是必不可少的能力特质之一。

当然，如果高管长期犯错、经常犯错甚至"屡教不改"，那就是另一种极端处理方式了："打枪的不要，悄悄地进村"——老板不动声色地物色着接班人。

这个案例是从反面论述了前面的"其二"，揭示了职场中绝非所有人都将批评的权力全数上交，以及那些职场上不受欢迎的从不自我批评的油条同志（油条大致有两类：一类是有形的干活拖拉，脸皮厚型的油条；另一类则是无形的，情绪方面的油条，批不得、说不得、碰不得、骂不得、工作也重不得）。

总之，笔者认为在职场上避免焦虑、建设自信的渠道有二：

一、就像牢牢地将身体对冷暖的感知捏在手心一样，牢牢地将工作中的情绪和心情也捏在掌心，别把这些都慷慨地交给了领导，因为当你交出这些的时候，无意间将自信也交出去了，而且，领导也不喜好这个。

二、别把批评的权力全奉送给领导，组织上已经赋予他批评的权力了，剩下的我们应该保留自我批评，并适时认真地用其照一下自己，照过之后你一定会发现：照照更健康。

第四节　批评和表扬其实都一样

不知道大家怎么看待表扬这件事，可以确定，表扬的背后是有原因、动机和情感的。

对于表扬，最常见的认识误区是认为被表扬就等于被贴金，被贴金就等于容光焕发，颜面十足，可以想象得到陷入这个认识误区的职场同仁一定不是开心快乐的公司人。

在笔者看来，表扬是为了引导部属去体验工作中的成就感，引导上路了，其自信心一定大大增强。一名拥有着强大自信心的部属，一定能帮助管理者和领导者在员工中树立起一杆积极的、富有激情的大旗。同时，员工中有几杆大旗也是带队伍的追求之一。这个追求就是表扬的原因和动机。至于表扬里面蕴含的情感，除了感谢之外，应该没有其他的因素。

总结一下，我们能得出结论：表扬 = 建设信心；表扬 = 树立旗帜。

下面说一说"批评"这件事。

首先，我们应该相信，领导给予批评的目的不是为了发泄情绪，即使偶尔遇到领导发泄情绪了，那我们也应该多长几只眼睛看清事实，洞悉"红尘"，认真判断一下我们所遇到的狂吼与咆哮是不是他故意将情绪放大N倍，以此展示出他的某种原则、态度和关注点？说得再直白一些，那就是我们所受到的咆哮其实可能是他在演戏，是装样子的，到底几分真做，这就得靠自己去掂量，总之那只是他的一种表现态度的、放大了的情绪和管理行为。

简言之，批评不是宣泄情绪。

既然不是宣泄情绪，那批评的目的又是什么呢？其实，这是一种精神性惩罚，与罚款的原理是一致的，以此让我们留点印象，避免重蹈覆辙。

当我们不再重蹈覆辙的时候，"表扬"就会跟进了，随之而来的就是信心。

当然，你可能会说"表扬"总是姗姗来迟，这或许是因为我们对"批评"尚未完全领悟。

的确，姗姗来迟的"表扬"（或者是始终不出现的"表扬"）与领导者和管理者也是息息相关的。这时候我们需要看清楚的是，领导者属于哪一种类型：是管理型，治理型，领导型，还是资源型？通常来说，资源型的领导指的是，他是能为企业带来诸多的资源而被封侯的，这些资源包括市场资源、政府支持资源和人际关系资源等。

可见，批评和表扬其实是一样的。

因为职业女性对精神性的惩罚很敏感，所以我们常常网开一面，努力避免批评她们；但是，生活中的女性却能将精神性惩罚活灵活现、万分娴熟地随时运用，常常能用各种方式方法对老公进行卓有成效的批评与教育。其实这个原理和职场上领导用各种方式对部属展开批评的原理如出一辙。

第五节　放下面子，建设尊严

首先，在笔者看来，面子一定不等于尊严。比如，当管理者以罚款的形式处罚犯错的部属，让其为自己的错误行为买单的时候，这会有损部属的面子，但一定不至于伤害到部属的尊严。

其次，在市场经济的大环境下，我们也不妨用经济的眼光衡量一下，面子和尊严，孰轻孰重：面子更值钱，还是尊严更有价值？不言自明，一定是尊严。

在职场中，每当面子和尊严这两个概念交织在一起的时候，我们常常能够看到许多人的选择居然是前者，后者则直接被藏进了工作服的口袋，孰是孰非，每个人都有着自己的解读与高见。

记得笔者曾经在微博上发过下面这条段子：

"买了套灿烂的范思哲，身上灿烂了，肩上却范思哲了；买了辆光荣的奥迪，足下生辉了，肩上却奥迪了；买了套市中心的宅邸，睡觉吃饭做爱都踏实了，肩上也更加踏实了。所以，忍，将有两种取舍、两个方向，或忍住光环诱惑，或忍住肩头的负荷。前者是信'佛'，后者是成'神'。愿大家都成神，都成大神。"

微博段子用大多数人向往的奢侈品为例，阐述了一个基本的原理：面子都是在肩膀上的。

生活中，我们都向往范思哲、奥迪，可事实上我们却不一定能拥有，为什么不能拥有呢？笔者认为是我们不敢将它们扛到肩膀上去。

下面，我们谈谈面子，职场中的面子。因为我们常常能见到、遇到和感受到这样一些奇特的景象：企业内某些事故（品质事故、安全事故、生产事故、人事事故等）的责任分明就是明明白白的，但是当事人却视而不见，百般辩解，太极拳打得炉火纯青，这很让人无语。

为什么事故责任人要竭尽全力地秀一下"太极"呢？

一定是因为他们不愿意承担责任。但是事实上，企业一般都不会因为工作失误导致的事故对管理者作出过于严厉的处罚（罚款、下课或者请出门），管理者对这一点都是了解的。

那么他们为何还是要推脱呢？

因为，在他们的概念中，这关系到他们的业绩，关系到他们的颜面，所以推一下，也就是一种本能的习惯，是潜意识里自我捍卫面子的行为。

这就好比是：某人想要一部奥迪，肩上却不愿意承受奥迪的重负，于是买把玩具枪，头上套只丝袜，直奔银行而去……这个道理是如出一辙的。

在职场上的我们常常不用动脑子也能记住一件事：维系颜面；但是，即使是常常动脑子却也容易忘记一件事：建设尊严。

下面我们从两方面，来谈一谈职场上的尊严。

一方面，作为职场上的个体，我们很容易理解这种环境下的尊严，无非就是被人尊重、被人认可。而这些被尊重和被认可，一定是源于我们在职场中取得的业绩。同时，我们也很容易理解，这个业绩不是靠"打太极"能"打"出来的，一定是苦干加巧干的工作结晶。

可惜的是，在这个非常浅显的道理面前，我们往往非常苍白而无力，因为知道却不一定能做到，这是一个自我修炼的问题。

其次，作为职场人，我们绝对不是以个体的形式生存于职场这一浩瀚的江湖之中的，我们一定会有着自己的组织和团队，这个组织或团队又是由若干个进一步细分的组织和团队组建而成的。

一般来说最基本的组织就是部门，接下来我们就谈一谈职场尊严的另一个方面：部门的尊严。

"打太极"在职场中是司空见惯的，这一点也不会令人好奇或惊讶。但是，如果在企业内，整个部门的每一位职员，从上到下都"打太极"的话，那就问题大了，这个部门将在企业内彻底歇菜，尊严也就直接趴在地上了。当然，这种现象也不十分罕见，尤其是那些部门领导是与老板有亲属关系的情况下，就很容易出现上述结局。

可见，企业内部门的尊严与个体的尊严是一致的，尊严一定只有一个唯一的来源：获得了企业各部门的认可、赢得了企业各部门的尊重。

部门尊严的建设途径也一定是唯一的：业绩。

部门尊严的建设与职场个体尊严的建设略有区别之处在于：有些部门统领的队伍相对庞大、把持的资源相对优势、工作含金量相对较高，但这些只能说是起点稍微高点，而高起点并不一定等于高绩效、高业绩。

总而言之，一家有尊严的企业，一定是由若干个有尊严的部门与小团队构筑而成的；企业内一个有尊严的部门和团队，一定是由若干位有尊严的职场人构成的。

第九章 漫话市场

第一节　蓝色的市场梦想

前面几章的内容是以企业内部的管理事务为主，这一章我们将谈一谈作为企业外部的市场这一话题，这也是攸关企业经营与管理的核心内容之一。

谈到市场，我们总是很容易将目光聚焦在国际市场上，并且常常会描绘出一幅横跨太平洋的宏伟市场蓝图。

在蓝色梦想的牵引下，在激情的促使下，笔者当年开展了一整套的市场开发行为，包括决定上马电子商务系统。

上这个系统，招这方面专业人士，在网上建立平台，这些并不难，因为只要花点钱立即都能实现。

但是，接下来我发现那个电子商务平台基本上都是围观的、看热闹的、询盘的，的确每天都有，但永远都停留于询盘阶段，从来都没有后文，结果就更不必谈了，这个现象一直持续下来。据说后来终于开花了，结果了，至于结了多少果实，笔者就不得而知了。

条条大路通罗马，电子商务那个平台只能继续被动地接受围观，那么再换哪一条路能够抵达"罗马"呢？

然后笔者就开始积极地收集北美各种工业展览的信息，并广泛地询价，同时说服老板准备赴美参展。支撑着笔者的这一想法的确相当简单：面对面地坦诚沟通、亮出质优低价的底牌，难道在那个超级发达、加工费用高昂的美国，我们还会找不到客户？找不到订单？

就在这个时候，笔者在市场上认识了一个人，经过与他的交流，我决定放弃赴美参展这一有冲动色彩的销售行为，在此向这位市场前辈致敬。

他一方面是我们的客户——一家小型贸易型企业的老板，这位前辈持有美国绿卡，在国内开办了一家贸易型企业，将国内能贩卖的加工服务销售到美国。

另一方面，该前辈在美国也有自己的贸易企业，广泛地在美国接单，而且这些订单都是加工服务型的订单，而非直接贩卖产品。

在与国际市场经验丰富的他的接触与交流过程中，我总算是基本知道了，自己所规划的那幅横跨太平洋的市场蓝图，基本上只能是一张图而已。

他基本上算是给笔者上了一堂北美市场的科普课，现根据自己的理解与回忆，将其观点和论述简要罗列如下，相信对大家理解海外市场还是有着一定帮助的。

北美每年的确是有许多的展览，这些展览也确实能发现并培育出能直接建立联系的客户。

但是，必须明确两点：

第一，这些展览70％的参展商都是国内企业，也就是说，前期抢滩的先头部队已经非常强大、非常壮观了；

第二，这种展览仅仅只能有助于认识潜在的客户，想要通过参展接到订单，不是漂洋过海地过去参展一次就行的，你必须要准备长期作战，换句话说就是每年都得去参加。之所以会这样，是因为前来围观的北美潜在客户，或者说是全球潜在客户，总是习惯于去寻找他们曾经见过的、曾经悄悄留意过的、曾经双方通信联络过的有一定熟悉度的"朋友"。

由此我们可以发现，赴美参展的成本与风险之间的矛盾很难兼顾：赴美参展本身的费用虽然不低，但是一般的企业都还能承担。可是，既然要去参展，除了要承担很有可能的满载而去、空手而归的风险之外，还有个棘手问题：我们将设备、足够量的样品和宣传资料等这些必备的东西运过去是为了展示，这点钱或许能心安理得地花掉。那么展览结束之后，那些运过去的东西该怎么处理呢？是再运回来吗？当决定运回来的时候，很可能就会发现，运回的费用将远远大于那些设备、样品本身的价值，于是这些东西往往就只能贱卖或者就现场打包赠送了，这必将是一笔让人花得很心疼的额外费用。

那些经济发达的欧美地区的大型企业很早就在我们国内

建立了大量的生产基地，他们一般对于那些主动到其本土参展的企业选择了视而不见，这又是为什么呢？

因为他们在我们国内建有生产基地（传说中的外企，含贸易型的外企），供应链体系早就打造得相当完美。

此外，在欧美发达经济体里面的诸多的小型和微型企业，他们基本上都是另外一种思路：拿青春赌明天。

所谓的"青春"就是费尽千辛万苦才研发出来的某一个新产品，虽然属于我们的青春只有一次并且都是一去不复返，但是对于能折腾、善于折腾的那些海外微型企业而言，他们的青春不仅很多，而且去了还能回来。

他们通常的做法就是不停地开发新产品，在开发出来的若干个新产品中，只要有一个存活了，市场打开了，企业的明天就来了，而且会来得很灿烂，他们就能富裕而快乐地存活、发展和壮大。

有个问题是，这些开发出来的新产品一般都是被市场淘汰的多，活下来的少，而这些开发出来的新产品，从图纸到产品再投放到市场上去，这一连串的投资过程怎么进行？

的确，"拿青春赌明天"的他们自有办法。办法就是：他们先在自己国内设计好了图纸，剩下的流程安排给中国。于是，从图纸到产品的试验性的任务自然就摇身一变，披上了漂亮的欧美外衣，成为了国内企业的香饽饽，大家都争先恐后地来抢这个任务——传说中的海外订单了。

如果他们赌赢了，那么恭喜国内接单的这些企业，他们也将分享一杯羹；如果赌输了，那就换一张图纸继续，直至成功！

至此，大家应该能够理解为什么笔者主持开发的那个电子商务平台上总是围观的非常多，结果的非常少。当然，如果你的企业很早就上马这个系统，或许你就是第一个吃螃蟹的，那另当别论；如果还没上马，那也必须跟上，因为电子商务的影响力越来越大，如果现在上了，虽然今天可能没有很大的效益，但很可能在企业的明天或后天就大获成功！

总之，希望笔者上述对海外市场情况的介绍，能让大家有个基础性的了解，从而尽量少走弯路。

第二节　同一片蓝天，同一个梦想

开发市场的时候我们很容易就将目光聚焦于海外市场，有一个原因是因为国内市场，我们彼此非常熟悉，大家做生意的套路都非常了解，国内同行间的竞争压力非常大。

虽然这应该是每个人都了解的事实，然而因为有人能在海外市场大把地淘金，于是那片我们所不甚了解的海外市场，也就成了销售人员心目中的一个梦想舞台。

笔者并不否认海外市场的金光闪闪的那一面，比如当企业生产的产品是咖啡机这类西方人所离不开的生活消费品，那理应全力以赴开发海外市场。但是，更多的企业并没有自己的终端产品，他们只是处于产业链的加工这一环节上，这时候对于海外市场还是采取顺其自然的态度比较适合。当然，加工这个环节也有能够做到全球接单的航母型企业，这个大家都知道，如：富士康。

至此海外市场不再赘述了，下面我们谈一谈国内市场。

市场竞争是激烈甚至残酷的，每一家企业都有着为数不少的兄弟姐妹，做着与自己相同或近似的产品，百折不挠地蚕食着自己在市场上的地盘，无时无刻不在抢夺着自己的饭碗。

于是，在同一片蓝天下，几乎所有的企业，都有着同一个梦想：做一点别人不能做的产品或服务，开发并垄断某一片市场的处女地。

于是，在此背景之下，创新的口号也就地动山摇了，但是口号归口号，创新归创新，创新是这个世界上最具代表性的"说起来容易，做起来难"的一种事情。

在市场上抢地盘的老板们之所以总是念念不忘"同一片蓝天，同一个梦想（找一块市场处女地）"，是因为同行之间的竞争实在是过于残酷。

对于销售人员而言，你已经签下的任何一家客户，以及你准备签下的任何一家客户，其实都意味着从别人口袋里面抢点银子，从别人的碗中抢点食物。如果这一"抢夺"取得了胜利，当我们举杯庆贺这一胜利的时候，在市场的某一个角落里被我们打败的那个倒霉蛋，那个倒霉的团队，正偃旗息鼓、情绪低落地在挨骂、在挨批、正在积极准备着调低生活标准，因为他们的收入势必减少，甚至连饭碗都可能不保，最严重和最悲惨的情形大概是有人会勇敢地从楼顶纵身一跃，彻底终结市场上的争斗。既然失去市场之后的情形很可能是这样子的，那么在双方抢夺市场的过程中，其惨烈程度、其血腥的味道也就不言自明了。

总已，如果市场所渴望的能开辟出市场处女地的创新型产品开发不出来，那就只能硬着头皮去市场上参与抢市场这一残酷的游戏了；于是有的人的"创新思维"就开始寻找落地机会了。

就是说：即使创新不了能开辟市场处女地的新型产品，但绝不意味着创新不了在市场上抢夺地盘的游戏方法，于是，这时候的市场竞争就更加精彩、灿烂和好看了。

在当下这个人人讲求个性和潮流的年代，敏锐的市场也就孕育出了女性消费群体这一主力军。比如，在女人的皮夹中放着的一张或几张美容卡。

下面笔者将要讲述的正是一则美容卡的故事，我们看一看具有创新精神的人是如何在市场上"抢夺"的。

在热热闹闹的街头，有人搭建了一个临时T台，T台上漫步着的是身材姣好的美女模特，当然，这个风景很吸引人，不仅吸引男人，也吸引女人。

T台、性感的比基尼美女、惹火的音乐、煽情的主持人、热烈的商业演说和醒目的广告，这些元素组合在一起，构筑成了一个盛大的商业环境，而这些都是因为舞台后面正在热火朝天地进行交易：某家连锁经营的美容店将要开张了，他们正在销售自己的美容卡。

于是，我们便看到了销售人梦寐以求的一幕：被性感身材和惹火场面所吸引的女人们在排队咨询、排队购买该美容店的美容卡。而女人身边的男人们，也就是女人们的钱包们，则在这一刻表现得相当地有耐心，他们一边欣赏着T台上的比基尼美女，一边耐心地等着自家的女人去凑热闹，当然付款的一定是男人们。

当男人还没有欣赏过瘾的时候，女人已经购卡归来了："老公，你看我买的这张卡，对折啊，真便宜，才3000块，能享受一个月的美容服务，里面有很多很多的套餐，哈哈……"

当然男人对美容卡没有太大的兴趣，只是记住了那个阿拉伯数字——3000元人民币，于是假装不介意地回应："呵呵，你的皮夹里面的各种消费卡多得快要装不下了。"同时淡定地问了一声："他们店在哪里？你啥时候去享受？"

但是，女人的回复却让男人大跌眼镜："不是很清楚，说是在市中心，要一个月之后才开业呢！开业之后就不再打折了。"

这时候的男人基本上都会仰天长叹："啊！原来销售都是这样玩的！"叹完之后，对于策划这场销售的"大师"一定佩服得五体投地了。服务还没有开始，店还没有开张，生意已经开张了，钱都进账了。市场上这种销售的创新的确令人印象深刻。

笔者介绍这个故事的目的，只为进一步说明前文的观点：尽管企业有时候无法在产品方面实现创新，但是这丝毫不影响企业在销售行为方面的创新。

第三节　市场从来都很俗

有一种说法将我们的社会定义为"熟人社会"，如果将这个熟人社会说得更直白一些，应该就是"关系社会"，结合生活感受理解一下，我们基本上都不太会反对该说法。比如，孩子上学遇到困难了，我们首先想到的是去找个熟人打个招呼；身体有问题了，上医院也是件麻烦事，排了2、3个小时的队，却挂不上专家号，于是很自然地会想到托熟人，走捷径……但凡遇到困难，我们首先想到的一般都是"熟人"和"关系"。

奋战在市场上的销售人士，自然离不开这个思路，与生活场景略有区别的是：在市场上抢地盘的销售人员，无非是使尽各种方法、动用一切可以动用的资源，去建立人际关系，请人帮助自己打开市场。

在这一自动自发的"本能"的指导思路下，职场上的销售同仁们就开始不遗余力地忙于搭建人际关系，成为熟人，乃至朋友。

这时候订单自然就可以签到了，虽然姗姗来迟，但是终究还是成功了。

值得注意的是，如此做销售的话，会遇到两个问题：

第一，经过艰难努力建立起来的熟人、关系户，一段时间后居然反目，成了熟悉的陌生人。

其中原因，从事过销售工作的人都知道，或者是关系不稳定，或者是我们之前承诺的产品或者是服务不尽如人意，当然更大的可能性还在于这个熟人、关系户被竞争企业抢走了，他成了人家的座上宾。

第二，即使费尽九牛二虎之力，有的客户就是谈不下来，人家对我们抛出的东西毫无感觉，一点都不动心，这时候本着时不我待的原则，销售人员往往也只能重新开发其他客户了。

此时，切忌妄自菲薄。

比如，某个准客户里面执掌着企业采购权的大员，在自己的岗位上很有成就感，工作对于他而言，既能带来不菲的薪资收入，还能带来诸多的成就感和快乐。这时候，销售人员抛出的东西，应该只能是过硬的产品品质和绝佳的服务，以及合适的价格，别的任何东西都只会遭受到对方的冷遇了。当然，如果销售人员具有足够的个人魅力、人格魅力和非一般的影响力，或许可以签下这个客户。但是，话说回来，果真具备这么多优势的职场达人，一般都不会出现在市场上，而是在企业的金字塔顶。

这种熟人关系的销售模式，有一个好处是，客户关系已经建立得很好的熟人和朋友，能帮助我们转介绍他的熟人和朋友，这也是推动销售人员看好熟人关系的一个信心支撑点。

市场开发中，除了上述这种熟人关系模式之外，还有一种很典型的销售模式，那就是"姜太公钓鱼"。

所谓"姜太公钓鱼"其实也就是守株待兔，企业投入一定费用，充分利用各种媒体渠道将企业的信息传播出去，然后静候客户主动上门。

记得有一年，笔者负责公司的销售工作，眼看着销售员们东奔西走也没能开发出几个有价值的新客户，真是看在眼里，急在心里，于是说服公司准备投放一些广告。经过一轮调查之后，笔者制定出了一整套的广告方案，具体包括：平面媒体选取专业期刊，做首页广告；高速公路或机场选取一个位置，做户外广告；广播电台选择黄金时刻的轮播套餐，持续一周；在百度搜索上推广网站等。

这套方案的大概费用如下：专业期刊，4万；户外，一年20万；广播一周，每次5秒钟，4万；网站推广，一年2万。合计30万，并不多，尽管不十分寒酸，但是对于一家年销售额不足5000万的企业来说，该方案即使是获得公司高层首肯了，下面也是压力很大。于是，笔者决定先选择上网站推广和电台广告。

后来，这个广告计划在执行完这两步后就被笔者主动中止。

因为，我发现电台上的广告，几乎没有带来什么有效的客户，也就是说，电台的那一周狂轰滥炸，基本上等于无效。

后来，笔者经过总结和思考这个案例，认为其实应该多投入一些费用和精力在网络推广上面，因为后者的确是为我们吸引来不少含金量颇高的客户。

总之，无论是哪一种销售，基本上都是兵马未动，粮草先行，由此我们可以得出这样的结论：其实，市场从来都是很俗，当然，需要注意一下的是认清本企业的准客户俗还是雅。

第四节　无处不在的矛与盾

世界上似乎时时事事都充满着矛盾与对立。一方面，我们都能感觉到市场上腥风血雨的氛围；另一方面，我们却分明又感受到了采购时的种种困难。

比如，公司花了较高的代价引进了一些进口设备，用了几年之后这些设备终于因为长期磨损等原因出现故障了，这下麻烦来了，因为配件的采购能直接让人头大。

再如，当新产品处于开发阶段时，我们想要找家理想的配件供应商，开始的阶段双方合作非常愉快，你好我好大家好，好得不得了。可是半年之后，这个新产品始终没能大批量进入市场，于是企业决定给开发中的产品进行升级换代，此时那个曾经合作关系很好的配件供应商貌似决定不再继续合作了，于是后面的开发工作很自然就悄无声息地流产了。

上述这些矛盾，采购员能感受得到，销售人员更能够看到。

于是，在这种背景之下，针对市场上屡见不鲜的矛盾，就出现了很多的学说，其中比较典型的有：导向学说——"以市场为导向"；渠道学说——"渠道为王"；上帝学说——"以顾客为上帝，以价格、质量和服务说话"。

这些学说，在一定的范围内一定是成立的，因为每种"学说"背后都有相应的市场案例作为支撑，每家企业之所以还能生存在市场的汪洋大海上，都至少说明了其市场行为的背后也有着属于该企业的一套或若干套市场理论学说在支撑着。

但是，无论哪种学说，都不可能是放之四海而皆准的。

比如，在当前竞争激烈的商业社会里，"物美、价廉、服务优"注定只能是一种口号，一种对内工作需要的口号，拿这个看起来很美丽、听起来很动听的口号来最大限度地挖掘企业内部的各种潜力。

挖掘的结果就是企业最终生产出来的产品，等产品上市后，那个曾经很动听的口号"物美、价廉、服务优"注定会成为从此不再会有人相信的童话。

这种转变，不是企业的错，而是市场催生的结果。

因为，即使价格已经低到不可能再低的程度了，一样还是逃不脱被客户要求降价的命运。

于是，企业能做的顶多就是留足降价空间，慢慢地降，降到实在无法再降时候，就反过来跟客户要求涨价。

虽然这与企业内部管理有关系，但是，这个问题将直接被传导至市场上。

我们不妨看一看这个传导的过程。

在企业里面，战斗在市场上的销售人员，很容易签下的订单都有几个非常显著的特点：第一，产品订货量不大；第二，客户订购的产品生产起来相当烦琐，甚至在工艺、技术和成本等方面都有着很高的挑战性；第三，这些产品的价格一般都不是那么乐观，即利润不高。

销售人员努力在市场上争取到的订单，在企业生产部门看来一般都不甚满意。主要理由就是：生产很麻烦，量很少，价格不高，品质要求却不低。

当企业里面销售人员和生产人员开始因此对垒之后，谁胜谁负，其实是毫无悬念的。通常来说，99.99％是以生产人员的"胜利"为结局的，而结果就是，销售人员重新开发客户，争取更大更好的订单。

尽管企业的老板也经常直接参与市场工作，但是老板极少一个人去承担品质风险、成本风险和技术风险这三大风险，而这三大风险则是生产人员对销售人员轮番打出的致命牌。更何况，为老板最关心的财务部，常常在这个时候也只是盯住利润，而忽略其他非直接因素。财务部的出发点永远都很简单："这个订单是不赚钱的，因此投入是没有必要的，至于生产与否，你们自己决定，但我必须得告诉你们，生产亏损的风险巨大。"在财务部负责人的这番"威胁"之下，企业的老板自然很容易就选择妥协，往往采取不支持也不反对的态度，结果自然就可想而知了。

所以，当身为采购员去看一家企业的时候，只要看看市场销售人员与生产部门人员之间的和谐程度就能大概判断出来，双方合作之路是长长久久，还是很快就到头了。

第五节　从市场到职场

偶尔，在夜深人静，却又无眠的时候；

偶尔，在凌晨睁开眼睛，却又不愿意起床的时候；

偶尔，三杯小酒穿肠而过后，并能安静下来的时候；

偶尔，休息天在家静悄悄地一个人独处的时候；

偶尔，受市场情况刺激，在家里阳台上点燃一支香烟，眺望钱塘江发呆的时候……

笔者都会在惯性思维的驱使下，不由自主地回头看一看自己走过的职业之路。每一次回首，都深感遗憾诸多，遗憾于曾经目光短浅地错失这个伟大的时代曾经静悄悄地赋予自己的那么多的机会……都任其擦肩而过，往往当我们意识到这个机会的时候，却只能看到只属于别人的灿烂的背影……

在诸多的遗憾中，最深的莫过于：在那个只来一次的1996年（笔者毕业的那一年）真的不应该放弃曾经几近到手的市场销售岗位。

笔者在这里想要表达两个观点：

第一，历经市场磨炼，并最终没有选择妥协的那一群人，一定是时代的宠儿，一定能闭着眼睛就能分辨出一般人睁着眼睛都看不懂的、诸多的、无形的与市场相关的方方面面。

第二，历经激烈竞争的市场洗礼过的那一群人，即使最终选择了局部或全部妥协，在职场上由外向内转变之后，抗压能力通常要稍稍高出一辈子都不曾签下过一份订单合同的职场人士。

工作中我们一定都有着这样的经验：一些刚刚走上管理岗位的职场人士，在最初的那段日子，常常是能自己解决的事情就自己做，或者说宁可自己冲上去，也不愿意花精力组织和指导部属们去解决。

这个现象的背后，是因为这些刚上任的职场人，是在尽力回避一个问题：协调和组织下面的人。

协调和组织的对象是人，这些工作对象是有个性的，是有情绪的，是有自己想法的，有些时候他们或许会悄悄地给你挖个坑，也可能明摆着不买账，这对于新上任的管理者来说是最为头大的麻烦事，于是干脆选择能自己解决的时候就自己去做了。

而曾经接受过市场一线销售工作洗礼的人，在面对新同事的时候，通常是毫无畏惧的，因为他们的心理已经在一次次的白眼、一次次的热脸贴着冷屁股、一次次被客户无情拒绝中修炼得无比的强大。面对那些软刀子和硬枪，接受过市场洗礼的职场人常常能游刃有余地将其化解得无影无踪。

一般来说，企业内部的工作压力来自于这几方面：某些工作不能按期完成；某些工作遇到了技术瓶颈；某些工作所需要的横向和纵向配合力度不够等。这些内部的配合问题，只要我们能放下架子，坦诚面对和沟通，一般都能得到解决。但是企业外部市场上的工作不是单靠加班就能解决的，这一点，职场人不可不察。

第十章 关于沟通

　　不知道从什么时候开始起，"沟通"也成了企业培训的主要课题之一，下面笔者说一说自己的看法。

　　笔者自己常常在想，在这个信息化普遍的时代，对于企业管理来说，内部的沟通的确非常重要。但是，在遥远的冷兵器时代，动辄组织几十万人与敌方进行战争的时候，沟通应该也是非常重要的，更何况那时的沟通还依赖于烽火烟台、鸿雁传书这一类方式。但是笔者通读《三十六计》却未见关于沟通的论述，所以有时候我们就会迷惑，不知道是古人太笨，还是今人太"聪明"。

　　企业中的事情好像永远都是千奇百怪的：关于如何有效沟通，需要培训一下；生产中或者是企业运营中出现了一些问题，管理者的口头禅通常也是"去找张三沟通一下"。

　　可问题往往是，王二去找张三沟通了好几次，问题还是没有得到解决，于是就有了需要"有效沟通培训一下"。张三、王二等都得去参加一下这样的培训，因为在领导看来，他们的沟通能力一定是不足的，而培训是一种解决之道。

但是，这些培训往往是全盘西化的5W1Y，并且将不善沟通的直接原因确定为口才、信心等，笔者认为这方面的培训多少有些治标不治本的嫌疑。当然，在一些特定行业或者某些特定岗位，当沟通是绝对的工作主角的时候，就另当别论了，比如服务行业、教师岗位。

其实，是否能将一件事情说清楚、讲明白，最关键之处一定不是口才，而是当事人对这件事情本身的认知深度、广度、结构性、系统性和逻辑性等。在弄清楚这几方面之后，先略作准备，再进行沟通。而这才是沟通的关键所在。

生活中，只要我们稍稍留意一下平时那些谈天说地的闲聊，就一定会发现，在吹着、聊着、侃着的过程中，大家很容易就将话题扯到了小时候，扯到了过去读书的年代。即使谈论的不是读书年代的事情，那也总是围绕着已经发生的、当事人十分熟悉的、局部范围内的"历史"。笔者在想，这一现象的背后，除了怀旧的因素之外，更多的还是因为大家都还是选择自己最熟悉的领域略作发言和表述，以此缅怀一下曾经的快乐、辉煌和灿烂，当然也包括了曾经的事后诸葛亮的那一部分。毕竟这些内容，我们的印象太深刻了，甚至几乎不动脑子就十分明晰里面的结构、系统和逻辑。

这时候可能有的读者会说我们闲聊的时候，更多的都是谈以后，谈未来，谈明天，谈即将发生但是尚未实现的事实。的确，在我们的闲聊话题中是会有这些内容：比如楼市的明天，比如日元指数的走势，比如大宗商品的走势，比如时政类话题，例如某个帝国的发展趋势等。

但是，试问我们那些观点具有逻辑性吗，你自己相信那种判断是正确的吗，其依据是坚实的、牢不可摧的吗？

是的，答案极有可能是"不是的"，所以那些话题我们往往总是聊不了很多，因为无论口才多么好的人，如果不具备相关的专业知识，一定是说不出很多，即使勉强聊出来的也是人云亦云的口水话而已。

笔者很喜欢拿生活中的案例来说理，这是因为生活与职场的道理往往是相通的，生活中的事情我们都有着丰富的经验，职场上的我们却总是简单的线性思维。

这里笔者几乎没有讨论工作沟通中的任何案例，因为大家都非常懂，甚至都是专家，诸如电话该怎么打，邮件该怎么写，话该怎么说等。这些都是手段和方法，都是表象，最关键的是需要静静地理解和消化一下上述的话，因为往往道理才最重要。

总之，在笔者看来，管理沟通的重点不在于技巧，而在于我们在实施沟通之前，是否对需要沟通的事情有了全面的掌握，是否梳理出了重点，其结构性与逻辑性是否已经在脑子里面形成了一个轮廓清晰的概念。

第十一章 神秘的重灾区——财务

在很多人心中，企业的财务部是一个十分敏感和神秘的部门。然后按照我们的逻辑经验来判断，通常在敏感和神秘的地方，也一定就是有故事的地方。这一章我们讲讲那些敏感而神秘的故事：神秘的财务。

一般人认为，公司的钱财都藏在财务，这多少增加了财务的神秘感，除此之外，还有三点支撑着这个部门的神秘感：一是，通常直接跟财务来往的都是老板以及企业高层；二是，财务的门口通常都贴着那么几个字"财务重地，闲人莫入"；三是，每当发放薪水、红包和奖金这类人人向往的东西之际，这个部门总是优先知晓，并直接操作。

如果你所在的企业不是上市生产型企业，如果贵企业还在向银行借贷，那么你可以高度确信，财务是整个公司缺钱最严重的重灾区。此话怎讲？

生产型企业的发展路线基本上是一致的：从企业成立之日开始，就被迫走上了扩张的道路，而且扩张的速度总是大于企业资本积累的速度，于是企业就会一直都缺钱，但是缺钱怎么办呢？靠不停地借贷，一笔紧跟着一笔，旧债今天还上，新债务明天就举起。

上述这个现象从财务报表上看上去十分有趣，具体表现在三个方面：

第一，企业的总资产（资产负债表上的总资产）越来越大，那个数据能让企业经营人以及高管们欣喜若狂，掰着手指头都能算出来，经过了多少年的经营，企业的资产翻了多少倍。

第二，从现金报表上看，公司的应收应付似乎总是难以持平，更多的时候都是倒挂（该倒挂不是指亏损）。收回来的货款，基本上也就是发发工资、付付电费，按计划分给供应商之外，基本就没有结余了，应收应付倒挂的时候，就得举新债了，即使多不愿意也都得举新债。

第三，损益表上却分明显示，企业是盈利的，虽然不算是暴利，利润率却也可观。

这个貌似矛盾的现象，背后的原因其实每个人都懂，因为企业在不停地投入，投入的那些钱除了来源于企业利润的积累之外，更多的还是借贷来的。至于借款对象通常除了银行之外，通常还有企业的供应商。

企业要发展，流动着的钱基本上都是别人的，沉淀下来的资产才是企业自己的，而推动着这些沉淀下来的资产继续成长，是需要流动着的钱作为支撑点的。

所以，在这个扩张的大背景之下，财务自然也就成了缺钱的重灾区。这时候如果公司开会，各部门的发言也会特别有趣：

采购部说：如果长期不能保证按时支付货款，采购没办法确保供应商保质保量供货；

人力资源部说，如果不能及时发放工资，我这边留人、招人的压力巨大；

生产部说：生产压力和品质压力都十分巨大，我们需要进新的设备；

财务部说：货款回笼太慢，账面上的钱根本就不够花，还有就是生产计划部门有问题，存货太多，占用资金；

销售部立即回应说：我已经盯得很紧了，如果还要加码去逼客户，我们的市场将会受到影响；

生产计划部说：我就留了48小时的库存，这点库存是必需的，财务账面显示库存金额较大，是因为很多东西已经躺在了客户的仓库对面的存货区，每天都要发货，这是没办法解决的，因为客户从不留库存；

终于，企业高管站出来了：我们不能长期如此缺钱，应该筛选一下客户，适当控制规模，否则缺钱的规模会越来越大；

最后，老板发话了：我知道现在缺钱，财务的资金可以继续优化一下，各个环节的存货可以最大限度地控制一下，货款回笼可以再稍微快一点，我再安排一下贷款。扩张的过程就是这样的，扩张到位之后，我们就有了规模优势，就能去市场上攻城略地了。其实缺钱总是临时现象嘛，我们终究还是要上市的，上市之前的困难还请大家多多克服……这些话都成了唐僧的絮叨话了。老板一席话之后，大家也就不再吵了，但是缺钱这个现象依旧，它和吵不吵没有丝毫的逻辑关系，结果散会，剩下财务人员自己……

可能你也会认为，那么企业控制一下扩张的速度不就可以了吗！

如果你如此看待扩张这件事，那只能说明你一定没有亲身经历过惨烈的市场竞争。比如：A公司生产的某个产品是给B公司配套服务的，B公司生产出来的产品将直接面向市场的终端消费者。B公司为了最大限度地提高市场占有率，被迫扩大规模，以求做到最大量，赢取高利润。如果A公司的配套跟不上自己的需要，那么B公司则会直接继续引进一家或多家A公司的竞争对手，等A公司竞争对手的供货量大于A公司之时，A公司最终的结局也就是彻底地丢失了市场这个饭碗。

当然，市场上也有一些企业，它们走着最稳妥的路线，以赚钱为唯一目的，发展则排在挣钱之后，即使丢失市场份额也不走踩钢丝式的扩张之路，这些企业财务人员应该从不担心缺钱的问题（如果企业上市成功了，那另当别论，融资到的天文数字的钱，投入在哪里，这似乎才是财务需要面对的问题）。

所以，在职场上，我们应该从公司全盘的角度去理解一些缺钱情形下各种看起来似乎是不可思议的千奇百怪的现象，这样的话财务自然也就被我们揭下了那层神秘的面纱。

揭开那层神秘的面纱之后，裸露出来的因果逻辑，往往能让我们理解公司内各种政策出台的前因与后果，如此一来身为管理者的职场人也就不至于抵触或偏离企业所制定的宏观大方向。

在本章中笔者用了较多的文字来说明企业在资本面前所承受的重负与经营中的矛盾，只是为了阐明一点：企业比企业内的职场个人更缺钱。

总之，身在企业的职场人士，我们只有换一个角度去理解企业的这些困境和困惑，才有可能调整自己的思维模式和思路，从而与企业保持高度一致！正所谓"大河有水小河满"，企业财务状况理顺了，职场个人的好日子也就不远了。

【上篇结语】

《点亮职场路：从技术到管理的实践者笔记》的上篇《管理那点事》这部分结束了，现在笔者作个简要的总结与梳理，以求让文章脉络以及读者思维更加清晰一下。

首先笔者非常抱歉，对于一直都非常严肃的管理话题，在我的笔下多少有些调侃和诙谐的味道！概因为，虽然笔者在职场上也常常显得很严肃，但骨子里面却一直都期望着部属们都可以紧张而快乐地工作着（工作是要干好几十年的，时刻严肃紧张，多少有些残忍），所以在谈管理的时候，实在没办法让自己的文字也一板一眼的严肃无比。

本篇开篇之际，以成长中的民企没有形成规范化、制度化和程序化的初始阶段的困局，以及已经形成了高度规范化、制度化和流程化的外企，形成一个让人纠结的难题：没有流程的时候，企业会困惑；高度流程化的时候企业也会困惑，生产型企业的管理到底怎么进行才好？

其实，就这一道难题，笔者已经尽力从企业管理的各个角度给出了自己的理解和领悟，如果你通读了上篇，此刻答案应该也跃然于你的眼前，伸手就能摘下，装进你的脑海，当然前提是：只要你愿意。

纵览上篇，你应该会留下这么两点印象：

第一，文中提供的具体可操作的企业管理方法很多。

如果你的感觉是这样的，那恭喜你！

因为，事实上，对于企业而言，其内部管理有点像是女性的服装，穿在别人身上好看的，拿过来穿在自己身上的时候往往是另一番光景，这里笔者就不多言了。

第二，企业经营中很多事情（或者说是不良现象）的来龙去脉，写得似乎像是那么回事。

如果你的感觉如此，那也恭喜你！

的确，笔者更多的时间都是在谈企业经营现象背后所隐藏着的因果逻辑，以及近在咫尺、却常常被我们忽略的某些东西。这也恰似女性的服装，当穿在别人身上很好看时，我们只要认真欣赏一下，看看具体的亮点在哪儿（比如款式花色面料等这些可见的东西，穿在身上凸现出来最大的亮点是什么？是凸显气质，还是凸显身材，或者是凸现出了修长的美腿？），然后照着该亮点去订制一下适合于自己身材和气质的衣服。

上述比喻可能稍微有点俗，其实通俗的目的是为了说明问题，因为貌似很严肃的企业管理活动，其实很多时候显得很俗，比如动辄就拿钱说事。

"管理"两个字，有很多职场达人或者是专家习惯将其分解为"管人"和"理事"两个单元。

这里笔者只想说一点：

管人：只管他人？不管管自己？！

不！

应该多管管自己，管管自己的思想，管管自己的言行，管管自己的专业技能，管管自己的情绪！

因为，这些东西在人与人之间是可以感染的、是可以传递的！尤其是在上下级之间，这种感染和传递更具生命力！

这些东西管好了，眼睛看得见的就叫做企业经营制度化、流程化和规范化；眼睛所看不见就叫做企业文化……

理事：帮他人（企业）理理事？

不！

不是帮企业理事，而是以做自己事业的心胸去整理好自己的心情、整理好自己的情绪、整理好自己的理念……因为这些比理事重要，这些比理事困难，思路决定出路的口号分明已经喊了多少年了，这口号是没错的，可是思路应该如何转换呢？

但愿《管理那点事》能给你带去一丝启迪和思考，语言虽略带调侃的痞味，但这是笔者认真整理的15年来的职场感悟和心得！

相信笔者的一家之言会有助于你去打理自己岗位职责上的那点事情，祝福你！

下面让我们开启下篇吧——谈谈《职场那点理》。

下篇

职场那点理

下篇

职场那点理

第一章

永不阵亡的空降兵

第一节　其实你有很多的观众

铁打的营盘流水的兵——这个是俗话；人才合理流动——这个基本上是套话，因为流动与否主动权在"人才"手上。向下流动，几乎是打死也不干；向上流动，通常又难以克服地球引力。

矛盾！

实在是矛盾！

这一章笔者准备谈一谈跳槽的那点事，由衷地希望大家都成长为永不阵亡的空降兵，克服地球引力，一路高奏凯歌地向上流动。

无论是俗话还是套话，现实中大家都在流动，在老祖宗传下来的"树挪死，人挪活"这一经典理念的指引下，大家都喜欢适时地挪一下，动一下，这当然很正常。

问题是，怎么样最大限度地确保"挪活"，最大限度地避免被"挪死"？

从乡下走出来的人都熟悉乡下的生活，这里有一则很经典的生活案例：在城市中闯荡的年轻人带了位女朋友（或者是男朋友）回老家（这种现象在笔者老家叫做"上门"，是需要给红包的），于是很容易就引发家里（指父母等直系家属）、家外（指邻居和其他同村的人）的人围观，被围观完毕后就会干第二件事情：被评价和打分。

评价的方式：三三两两碰个头，各自交换一下意见，然后给出一个结论：这位姑娘（或小伙子）还行，像是过日子的人；这位姑娘（或小伙子）根本就不行，一看就不是过日子的……真是相当的热闹。

故事讲完了，相信你也明白了笔者想要表达的意思：跳槽之后，同样作为刚上门的新人，你也有着很多的观众！

在全新的企业环境中，"空降兵"一般都对新环境充满好奇。这里笔者想要提醒空降的职场同仁们，全新环境下的上上下下比您更好奇，他们会很耐心地围观，准备鉴别一下"空降兵"：是"骡子"是"马"，坐等结果。

于是，迎接"空降一族"的将是一轮又一轮的测试与考验，这种隐性的、无形的测试与考验通常会从上到下，在企业的每一个层级都会存在着，只是当事人没能感知到罢了（注：笔者又一次提及有形、无形、隐性、显性这些词汇，是因为这些概念的确是太重要了）。

尤其是最上面的老板，一定也很迫切地想要知道，招进来的这个新人是"骡子"还是"马"，尽管他从来都还从不曾找你沟通过，但这并不影响他手持望远镜，遥遥观望。

接下来，你所在的大部门领导也会关注一下，他想知

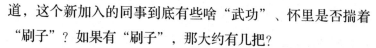

道，这个新加入的同事到底有些啥"武功"、怀里是否揣着"刷子"？如果有"刷子"，那大约有几把？

再下来就是你的部门领导了，他更迫切地想要知道，这个新人是啥来头？是不是能够安分守己地努力干活的人，能不能为我分忧，会不会给我惹麻烦？更关心的还是，是不是个刺头？

紧接着的同级的同事们的想法基本上就是百花齐放、百家争鸣了，而且最先表露出来的就是他们了。

无须继续往下罗列了，总之是甚至连企业里的保安都会关注着你的！

现在你应该知道和重视这一现象：你是被关注的、被评论的，甚至是会被结论的。

这仅仅是第一步，接下来，我们谈几个这时候很容易让你"阵亡"的、"要命"的问题！

问题之一："空降"的新人进场的时候，躲在远处、靠在近处、贴在身边围观着新人的这群人，他们都是用本企业的工作习惯、企业文化、处事方式和方法来围观、测试和考验新人的；然而企业新人则极度容易跟着感觉走，抱着原来公司的理念、工作习惯与处事方式、方法，在不知不觉中孤独地表演着。

这样的后果对新人非常不利，看戏的人摇头，演戏的人浑然不知，或过于平淡没有出彩，或直接就念错台词，走错台步。

针对这个问题，似乎已经没必要说该怎么做，因为在反面行为的对面就是正确的路线。

问题之二："空降"的新人不仅思维方式一成不变，而且还开始无意识地时时事事都与原来的企业做对比，对比的结果通常都是：哎！我怎么会来这里上班呢！这简直就不是人待的地方！都是瞎搞，啥也没个套路……

打一个比方：上述的职场现象就好比是一个骑车多年的人，在某一天终于鸟枪换炮，开始开车了，在最初的那一段时间，他除了兴奋之外，就是很容易用骑车的思维开车，然后就抱怨路上的车为什么都这么霸道，常常将自己挤到一边；或者很容易就变道，意图绕开前面爬行的慢车，冲到前面去；或者很容易直到看到红灯了再开始踩刹车。直到某一天，差点追尾、闯红灯、被追尾或者刮碰了路人，方才真正意识到这个方向盘不是自行车把手，必须得改变一下现在的驾车思维了！

通过这个开车现象的举例，你应该领悟到在跳槽后的这一段被围观的时间内应该如何去把握和了解新环境，建立新理念了。只有融入进去了，才有和谐的同事关系，否则就会容易造成隔阂甚至误解，最终结果就是一轮围观之后，各级同事都会给出一轮结论，而这个结论"空降兵"都未必能及时获悉。

当试用期结束，人力资源部来找你谈话，给你一个不适应的结论之时，那心情一定会让新人难受许久许久，甚至可能是遗憾终生。

事实上，"空降兵"着地之后需要注意的问题是非常多的，笔者这里谈到的仅仅是非常容易被忽视的内在思维方式的问题，这是入职的第一关，跳槽只有跨过这道门槛，后面才有戏，否则很容易就game over了。

第二节　起跳的那一刻

职场人士，虽然跳槽的具体原因各不相同，但是跳槽的动机却往往是基本一致的：期望越跳越好、越跳越高。不仅如此，甚至就连跳槽的过程大概也基本相似。

当职场人决定跳槽，并且已经为了那梦幻的一跳而开始助跑的时候，一般来说，是九头牛也拉不住了。

如果你也仔细地观察思考过这个现象，一定会觉得那一幕其实多少有些喜剧的基因。

当辞职书被递到领导案前的时候，只要跳槽人平时的表现不是太差，领导总是要留一下；如果是表现突出的，领导一定会一留再留。

此时，旁观的人就能感受到喜剧色彩了：领导越是挽留，辞职者越是要走。最终结果往往是，挽留归挽留，跑路归跑路。

这是为什么呢？或者说，这一现象背后的原因和逻辑又是怎样的呢？

第一，这里面有个最基本的逻辑：开弓没有回头箭。

要说服已经处于奋力助跑状态下的跳槽人放弃那一跳，这多少有点难度，除非企业开出足够诱惑、有说服力的硬条件（比如加薪、升职之类）。但是，企业往往不会以这样的形式去挽留辞职者，这是因为在人人都是模仿秀天才的社会大背景下，只要有初一，就一定会有十五，所以企业会很谨慎地使用这个"绝招"。

同时，被挽留的辞职者的自信心在那一刻变得无比强大：看看，没我，你们还是玩不转吧，至少是玩得不那么顺吧。更要命的是，这种鸡血心理还会被辞职者进一步放大，辞职者会认为被挽留是因为自己在各方面都十分强大。

第二，已经决定跑路的辞职者，在被企业挽留的那一刻很容易忽略一个很重要的无形的因素与逻辑：组织或企业在很多时候留人只是为了省钱，只是为了做事方便，一般并不是因为辞职者足够强大，失去自己企业将会蒙受巨大的损失。

这一则逻辑虽然是隐性的，却应该很容易被识别出来。比如，当企业招聘了一个新人进来，企业是要花学费的，因为新人在岗位上一定会出错，出错就一定会给企业带来或大或小的损失；同时，新人上岗最初时的工作效率肯定是低的，对新人的教育与引导也一定是烦琐的，要耗费领导的大量时间（甚至是情感），而这些最终都会或大或小地影响着企业的财务报表。

第三，当"辞职"二字已经写在了纸上，并提交到了管理者或领导者的案前之际，辞职这一行为基本上是生米煮成了熟饭。此刻，作为管理者或领导者获取的信息已经是事实，然而此前若干的关于该事实的无形信息，可能都被管理者或领导者忽略不计了。这个逻辑我们都懂，当木已成舟的时候再想要改变往往会困难很多。

如果读者你也是正在跳槽或准备跳槽，那么这一道跳或不跳之间的选择题，应该可以重新审视一番了。

第三节　建设者之说

接下来笔者说一说职场人起跳着地之后的问题，因为在跳槽过程中，重点应该还是在跳槽之后的新人新环境里面的各种问题。

当空降一族好不容易伺候好了众多的观众，自己也适应了全新的环境，那么恭喜你，你又过了一关，向前迈出了一大步。

此后，你所面临的更多的就是谁同化谁、谁改造谁的问题了。当安全着地、落地生根之后，其实你没有必要完全被同化，还是可以保留必要的个性的，如果你认为自己足够强大，那么这时候就可以扮演一下建设者了。

现在职场中一直不跳槽的是少数，频跳的是极少数，"合理流动"那么几次的应该是大多数。

无论哪一种情况，起跳落地之后的那段日子应该是不那么好过，因为当事人会发现新环境下的新鲜感宛如昙花一现即逝，唯一值得庆幸的是安全着地了：试用期顺利通过。

跳槽后的职场人士，一旦新鲜感消失（试用期通过）之后，另一种取而代之的潜在的本能反应和本能思维立即布满我们的神经——比较，在任何事情上将以前服务的公司与现在的环境作对比（这点笔者在前文中已经阐述过，所以不再多谈）。

比较的结果常常是：某个环节还是以前的公司做得更好；紧接着又发现，某个环节也还是以前的公司做得好；紧接着……

这种现象既令人奇怪，也十分正常，因为公司人的思维总是容易发现不足，而忽视优点和亮点。

但是，在这种一轮又一轮的本能比较之后，诸多的空降人就开始失望，失望之后就有人会后悔："唉，跳什么啊，还不如不跳呢！"。即使不后悔，也会出现一种现象：起跳之前的那种积极的、激情的想法（比如换个环境好好干、努力奋斗等）烟消云散了。

然后，跳槽的种子就开始萌芽，即使那颗跳的种子没有萌芽，另一颗抱怨的种子一定发芽，甚至还可能会生根，并往繁茂的方向高歌猛进。

其实，将先后工作过的企业进行对比和比较本身是没有错的，这也很正常。而且，的确有时候之前的公司和现在公司的新环境是有一些差别。现在，我们一起去思考几个问题：如果以前服务的公司很好，各方面都比现在的公司好，那么那家公司是从诞生之日起，就这么完善和完美吗？

如果不是自其诞生之日起就如此完善，那么那个相对完善的环境是谁建设和创造出来的？

最后，我们可以继续悄悄地问一下自己：我是否也可以尝试着努力地去缔造一个自己想要的环境？

这些应该都是没有标准答案的问题，如果能去想一想的话，或许能够将我们从万丈深渊的情绪低谷中垂直拉升到阳光灿烂的、充满激情的、高高的山顶。

是的，这个世界需要建设者，职场需要建设者，从自己做起，做一个建设者。

再说了，职场上的任何人都不曾牛气到下述境界：

你们公司应该做好1、2、3、4……项准备，然后等着我来上班、来领导、来管理，我不是上你们那去建设的，我去上班是给你们面子的。事实上，这样的职场人士是不存在的，因为这不符合市场规律，更不符合合理流动这一趋势。

总之，如果你一定要当伞兵，那么安全着地是第一要务，着地之后时刻想着你有诸多的观众，别走错台步，别念错台词，这是第一步。

安全着地，并落地生根之后，你也别因潜意识的对比而抱怨和后悔，要学会说服自己去接受新环境，这是第二步。

当接受了新环境之后，你基本上也就生根发芽了，此时应该避免被新环境完全同化，然后开启一块试验田，尝试着去做一名建设者，这是第三步，也是非常重要的一步，因为这一步直接决定着你在新环境下的成长空间和通道。

当你决定再一次乘坐降落伞、再当一次伞兵的时候，请回到第一步。

升职之后

第二章

第一节　亮丽的转身

对于职场人而言，有两件事总能让人兴奋一阵子：一是加薪；二是升职。

这一章，笔者准备说一说升职之后，初为主管时的一些注意事项，毕竟兴奋完毕之后，该干什么还得干什么。

终于当上了主管，正如背负沉重之壳的蜗牛，终于爬上了那棵葡萄树……于是，雪藏了很久的激情很容易会立即就急剧燃烧，这就烧出了新官上任的那三把火之说。

其实很正常，这个情形就与对私家车渴望了很久，刚开回家的那一夜一定会莫名兴奋，次日清晨也一定会闻鸡起舞如出一辙。

可现实往往是，在三把火烧过之后，我们很容易进入迷茫期：头顶高帽子、肩挑重担子，一定不是一件很好玩的事情。那么初为主管时的我们到底应该怎么做呢？需要计划些什么？策划些什么？

一句话，先让自己实现从"布衣"到领导的转身，即让自己的思维和理念从优秀的职场个体切换到管理岗位上去。这才是最急迫的事情，必须立即、马上和无条件地去做！

我们之所以能迎来那升职的一纸任命公文，是因为曾经作为职场"布衣"的我们相对优秀，是我们努力拼搏的结果。

但是，成功的职场经验也容易给我们带来负面效应：这一升职潜在地告诉了我们——努力地独自拼搏，就可以继续向前、向上一步走。

我们的思维很容易被这个逻辑所左右，并诱导我们使出吃奶的力气，想要将曾经给自己带来荣誉的单打独斗的玩法继续发扬光大！

可是，这个想法就有点麻烦了。

因为这时候我们的角色分明是要和部门员工一起共同奋斗，而且不仅仅是在行为上要奋斗，在思想上也需要奋斗，而我们的感觉却滞后了，依然沉浸在已经成为了历史的、曾经为个人的目标而奋斗上。

初为主管的公司人，在这方面的转身一般都比较慢，往往要折腾很久才能转过身来，这时候我们的上司，一般也只能看在眼里、急在心里、恨铁不成钢、恨钢不成金、恨金不成钻石……

有个成语叫做矫枉过正，在矫枉上述思想行为时，我们务必防止过正，不仅如此，还应该继续将自身优势发扬光大。此话怎讲？

首先要明白，我们的任务是带领部门完成任务或履行职能，所以，需要将我们的个人优势与部门职能结合起来，最终成为部门的优势。

因此，我们不但不能把过去的强项丢弃，而且还应该尽一切可能使其产生蝴蝶效应，在我们所领导的部门内刮起一阵做优秀的飓风，从而增强团队的战斗力，去除那些可能制约部门整体前进的瓶颈与沟沟坎坎。这才是初为主管的公司人的一道大菜、一个课题，想要在已有的职务基础上继续升迁，这道大菜是必不可少的！

第二节　协作与配合

外出旅行的时候，我们通常能在景区见到这样的标牌"有困难找警察"，不知道你在遇到困难的时候是否求助过？

其实，在职场中，初为主管的你有困难时就应该去找领导。

如果你固执地认为，领导其实也不英明，所以找领导也是白搭，那么你就错了，因为即使是领导也不知道怎么办，但是他的肩膀却比你宽，至少能负起责任。

事实上，与初为主管的我们相比，问题面前领导通常是知道该怎么办的，因为人家已经是领导岗位上管理经验丰富的老师傅，而我们却还是一道嫩豆芽菜！

而且，为了及时、准确和动态地了解上司对我们的企望与要求，并尽可能多地得到上司的指导，勤于跟上司直接沟通是不二法则。只是在此过程中，如果初为主管的我们能够带着方案去请求上级指导，那么恭喜你，因为凭借这一手，你就有望成为上司眼中的潜力股。

当初为主管的我们遇到难缠问题的时候，你也不必非常心急。因为在企业内，有太多的问题不大可能一下子就被我们三下五除二地搞定，此时的主管同仁们不必太着急，更不要逞强添乱。

这里笔者绝非是鼓励消极，打击积极。当面对层出不穷的各种问题的时候，我们需要做的不是立即全面解决，最优方案是整理并梳理一下各种问题，识别出重点，并本着避轻就重的原则，做出一个概要性的计划，一个一个问题稳妥解决。

换句话说，问题应该是被动的，主管应该是积极的，主管不必要被问题压得焦虑不安，而是应该辩证地看待所有问题，并为其排个队，然后有计划性地逐一处理。

事实上，面对问题时的最佳方案是和员工一起商量解决这些问题，即使最终问题依旧还是问题，那也因此发挥了众人的智慧，增强了团队的凝聚力，真是何乐而不为呢。

在这一点上，作为主管更应该意识到：企业不是一年、两年的企业，是要在市场上长期发展下去的。因此说，企业的发展过程也就是一个不断解决问题的过程。

对于主管而言，更为重要的一方面还在于，在解决问题的过程中，我们所带领的团队是否取得了长足的发展与进步。

以上是出现问题时有关协作与配合的一个方面：初为主管的公司人与上司之间的关系。应该说，这是比较容易搞定的一个面，而部门与部门之间的配合和协作的另一面，才是难点与重点所在。

在职场上我们常常能遇到这样的新官：上任之后，往往片面地为了本部门的利益而与其他部门互相扯皮、纠缠于企业内耗上，并努力试图将部属全都打造成"嫡系部队"。

对于初为主管的公司人而言，这是职场大忌，一般来说，这类新上来的主管只有两种结果：闹了个把月之后，猛然醒悟，赶紧用各种方式去努力修复与各部门的关系；另一种结果就是位子尚未坐稳就被调离，甚至被直接打入冷宫，再难有出头之日。

其实，正确的做法应当是多与同级别的其他部门主管沟通，以尽快和全面地了解他们部门的运行情况，并尽可能及时、准确、动态地了解他们对你的期望和要求，以便更好地配合他们。

在这个横向配合面上，新主管必须懂一点：即使是平级，他们也是我们的老师，因为当我们刚刚坐上主管的位子时，人家已经在这一岗位上修炼了很久，拥有丰富而娴熟的职场经验。

进一步说，初为主管的我们，应该以平级的前辈主管为师，很可能他们在公司中能轻松愉快地给我们搭桥铺路。

姜还是老的辣，更不要拿初生牛犊不怕虎的理论武装自

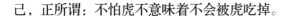
己，正所谓：不怕虎不意味着不会被虎吃掉。

第三节　关于三把火

所谓"新官上任三把火"中的"三把火"，一般都是在什么样的背景下，怎么样被点燃的？

第一，刚上任的新主管都渴望迅速做出业绩，于是在前期一般都会使出浑身解数，这样就出现了那三把火。

第二，曾经作为优秀的职场布衣，默默战斗于一线的那一段经历，让新主管们知晓了部门里面确实存在着一些不合理的情况（比如制度和流程等），于是决定点燃三把火操刀改革，革除一切在自己眼中看起来不合理的弊端。

第三，有些新主管们偏激地认为，如果不烧三把火，就没点领导样子。关于这一点笔者无须多言，因为在上篇的《放下面子，建设尊严》一节中已经谈及。

这里我们着重谈一谈前两点。

初为主管的我们想要尽快出成绩，以树立个人威信，以回报领导的提携与信任，这原本没有错。可是为此而没有计划和章法地匆匆忙忙地点燃了几把火，让部门四处冒烟，搞得自己疲惫甚至狼狈不堪地拼命救火、应急、补缺、顶岗，此刻你一定会因为过于忙碌而忘记了自己在忙什么？忘记了自己该干什么？

这时的我们应该思考一下自己失去了什么、又得到了什么？

对于刚刚走上领导岗位的新官而言，应该给自己留出时间，经常性地站在部门以上，以更广的角度去梳理一下部门工作的主线，并紧紧地拽在手中，这才是王道。以动态的思维和以全局性的眼光来看破职场红尘，以杠杆之力去创造出业绩，煮酒论英雄从来都不需要很猛很旺的那几把大火。

当然，如果感觉上始终都是雾里看花，则可以请直接主管指导一下，明确当前最需要解决的问题，然后，同下属商讨解决问题的方案，再请直接上级把把关，争取拿出成绩，报效企业，回馈上司。

至于"其二"，一上任就烧几把火玩变革，这个就更是大忌了。

历史上的职场变革发起者（比如商鞅、王安石等）已经委婉地告诉了我们，变革是需要谨慎的，即使是一定要革除某些不合理的部门潜规则与显规则，也请徐徐而行，并在改革的过程中注意一点：别着急着动其他部门的奶酪。

初为主管，最好还是以前任为榜样，先学习、后改进。

前任做得好的，我们继续发扬光大；前任做得不十分到位的，我们循序改进；前任明显做错了的，我们也坚决地改正，坚决逐步地改正，请注意逐步二字。

打个比方说，对新官而言，下面的部属以及前任留下的摊子，就像是一个花园，既然是花园，那么诸多的草和花都掺杂在一起，只有等到开花的季节才能识别出哪些是花，哪些是杂草，万一没看准将名贵的花卉当做杂草处理了，那岂不是自残行为。所以再一次劝说一下初为主管的你，那三把火请稍微悠着一点点!

既然初为主管的新官,不必急着点燃那几把火,那么哪方面是可以考虑优先开展的呢?

笔者的建议之一是:尽快学会表扬。

曾经,作为职场布衣的你,由于优秀,所以经常被表扬,结果被升职了。

现在,该换个位置多说点好听的、多做点好看的了:将自己曾经被表扬的那种心理感受移植到部属身上去,并不遗余力地将其扩大。当部属有模范行为等其他任何值得表扬的行为时,一定要适当和及时地予以表扬,当部属无论取得了或大或小的成绩之时,一定要及时地肯定他们。

事实上,新官看到更多的一定是不足,更令人担心的是,往往忽略了大家千辛万苦所取得的微小的成绩。

对于新官而言,当你想要斥责部属的时候,请一定要忍一忍、再忍一忍,先检讨一下自己的行为,然后立即调转枪口,梳理一下部属们的成绩、优点,予以放大,给予表扬。

笔者的建议之二是:尽快学会感谢和感恩。

新主管同仁们一定要时时刻刻牢记住:部门业绩主要是下属做出来的(虽然企业通常认定主要功劳是你的),所以,初为主管的职场新官一定要学会感谢:感谢下属的出色工作,部门才有了今日的成绩。唯有如此,方可能以宽广的胸怀包容和宽容部属的过失,带领大家一路向前……

第三章 其实工作的动机一直都很朴素

第一节　吃饭曾经是个头痛的问题

在笔者的内心隐藏着一个问题，并曾经一度折磨了笔者近十年，方才解开这一难题。而且，我很坚定地相信，这个问题，许多职场人士也都曾经为之日不食夜不眠地困扰过。

这个问题也就是本章的核心内容：工作的动机其实一直都很朴素。

职场上的人，只干一件事情：上班。从毕业开始，到退休为止。

既然一件事情要干一辈子，那么这件事情应该很有意义才对，否则早晚会腻。

事实上，这件能让我们干一辈子的事情，仅仅缘于一个很朴素的动机与愿望。很多时候，不能将事情搞得太复杂了，从简从快地顺逻辑，这是笔者的习惯，工作习惯和生活习惯都如此。其实我们上班的目的和内心的愿望一直都很朴素，那就是吃饭。

刚步入社会时的我们都很有雄心壮志，那时

候的世界好像正等着我们来拯救似的。于是，年轻气盛的我们就开始怀揣灿烂的梦想开始闯荡职场江湖了。

或许是因为埋藏于我们内心的那些梦想实在是过于灿烂，或许是我们当年真的过于年轻、过于气盛，于是我们很快就发现了一个问题：梦想多灿烂，都得先吃饭。

吃饭以及在哪吃饭这个貌似简单的问题务必优先解决，因为每天都面对三次，无论你烦或者不烦，它都等在那里，不离不弃，与生命等长。

于是，随着青葱岁月的逐渐磨灭，曾经的气盛居然也一定是震荡下行的，并同时绝对伴随着一种现象，那就是这个吃饭的问题越来越被我们重视，还有那些曾经异常灿烂的梦想居然越来越淡薄了，陆续被吃饭问题取而代之了。

既然如此，那梦想就先放一放吧，总得先料理一下这个日益紧迫的吃饭问题（吃什么以及在哪儿吃）吧。

于是，我们逐渐明白了一件事情，也给上班这件事定义了一个极为朴素的动机——上班就是为了吃饭，而且一辈子太长，得先为吃饭这个事情而奋斗一阵子。

最初那种月初富裕、月底举债的日子实在没啥好回顾的，因为那时候的兴趣不在吃饭方面，而在灿烂的梦想上。

随着时光的流逝，月底不仅不再举债，并能略有盈余之时，先前的梦想基本就被搁置在抽屉里面了，于是，我们又马不停蹄地给自己重新树立了一个梦想，那就是：得找一个女朋友，释放一下沉寂许久的爱情，并最好能领回老家，上民政局领个光荣的红本本，享受一下"夫妻双双把家还"的幸福日子。

这时候本来已经解决了吃饭问题的我们（年轻的小伙子）突然发现了另一个问题：女朋友经常会在我们耳边唠叨："我们回家吃饭吧，老是在外面吃，腻了。"

于是，原本已经解决的吃饭问题，再度成了一个莫大的难关，我们不得不硬着脖子勇敢起来，要解决一下女朋友所提出的回家吃饭的问题。

心爱的女朋友在领证之前撂下一句狠话：裸婚，我是没兴趣的，领证之前得先买一套婚房，至于房贷嘛，你还大头，我还零头。

此后，硬着头皮上的我们好歹是咬着牙、贷着款，买下了一套婚房，领取了那个红本本。虽然头上多了一顶桂冠"房奴"，奴就奴吧，好歹是解决了"回家吃饭"这个问题，也过上了"夫妻双双把家还"的幸福日子！而职场上的我们也就有了更充足的动力，因为欠着银行的贷款，必须月月还，这个问题比啥都现实。

当"回家吃饭"这个上班的朴素动力与愿望达成之际，我们基本上还没来得及享受一下，下一个吃饭问题就来了：造人！

毕竟偌大的房子，就俩人吃饭，也不是长久之计，所以得造个人出来，陪着一起吃饭。再说了，人这辈子，到了啥阶段做啥事情，似乎只有这样子老了才不至于那么特别地后悔。

用感性的、抒情的语言来表述一下就是：只有将该做的都做了，人生才是完整的。

走到这一步的时候，通常人都会有着较大的改变，毕竟家里又多了张吃饭的嘴。这时候，让一家人都回家吃饭，成了我们澎湃的工作动力了。其实，甭管这个动力有多澎湃，依旧是那么朴素，说穿了，上班也就是为了吃饭嘛，无非是几个人吃的问题罢了！

当小公主或小王子在家吃了几年饭之后，你一定会发现这个回家吃饭的队伍，无可抵抗地在逐渐增加了。因为无论是岳父母，还是自己乡下的爹和娘都已经开始从土地上退休了。更大的压力是，他们基本上都没有退休金。没有他法，回家热热闹闹地吃饭吧！因此，工作动力必须得更加澎湃，否则这些都不太容易解决。

好不容易，当三代人的吃饭问题都被职场人成功解决之后，这时候人的自信一般都是满满的，似乎得为自己重新再找一个工作的动力，新的动力能脱离吃饭这一朴素的动机吗？

第二节　从职场到市场：吃饭的故事依旧精彩

人是很奇怪的智能生命，当自信满满的时候，一般也就是开始折腾的时候。

当吃饭这一朴素的上班动力不再发力、不再能为工作注入源源不绝的动力的时候，职场人一般会有下面这几种折腾的途径：

第一，抱着今后不再可能没饭吃的想法，开始以吃饭之外的事情为动力，继续干活，比如说开始换车子。原本是10万元左右的代步车，得换成20万的，然后孜孜不倦地继续升级，而且将永无止境地升级，这样的职场人非常常见。总之，这样所带来的动力也是十分强劲的，或许不亚于豪华品牌汽车的引擎动力。这大概是因为汽车这个东西具备了两项功能：一是增加影响力；二是烧钱，持续不断地、快速地烧钱。

第二，抱着在职场上解决吃饭的问题（几代人吃饭的问题）、在市场上解决发展的问题的想法，在解决了吃饭的问题之后，给自己树立了一个全新的、灿烂的梦想，那就是以脱离苦海的口气跟职场说再见：下海创业。

有个比喻是这样的：职场和市场之间隔着一座山，山上插满尖刀，美其名曰"刀山"；刀山的旁边是一片汪洋的大海，美其名曰"火海"，这应该是对刀山火海的现代商业描述吧，虽然惊人，其实有其恰当的一面。

所以，几乎无须统计分析，我们就能知道，以职场为起点，发誓要翻过刀山、跳过火海，去对面的市场一显身手的人非常多，成功抵达对岸的则比较少，成功抵达对岸并且能大展宏图，实现新梦想的则是凤毛麟角。

而且，在笔者看来，这些凤毛麟角干到后来，之所以能孜孜不倦，通常还是因为要解决一大批人的吃饭问题，正所谓人在江湖，身不由己，吃饭真正是大事情。

《道德经》中有言"天下大事必作于细，天下难事必作于易"。

既然多么宏伟和远大的理想都必须从细小的事情开始，既然多么繁杂的难事都得从容易着手的点开始切入，那么支撑着我们一直奋斗在职场上的至少得有那么一个简易可行的、可以持之以恒的动机和动力源泉，"吃饭问题"、"回家吃饭问题"、"几代人的吃饭问题"以及创业之后的"整个团队成员的吃饭问题"，完全可以作为工作动力的源泉之一！

有时候真的没有必要将简单的事情搞得过于复杂，既然"饭吃一辈子都不腻"，那么工作也应该是干一生都不会厌倦的，因为吃饭的问题是始终摆在那里，等在那里的。

总之，淡定和坚持，应该是职场人应有的境界和素质之一。你可以有凌云的壮志，你可以有缤纷灿烂的梦想，但是请别忘记了毕生伴随自己的那个朴素动机：吃饭问题。

第四章　职场三部曲

　　无论是工作、学习或者是生活中，每当我们面临现实与理想之间差距的那条大河之时，总会产生这样一种心理过程：

　　先做个美梦，幻想一下那条大河在三秒钟之内消失在我们眼前。这一美梦的最终结果就是幻想了很多天，很多年，大河就是不消失，波浪依旧宽。

　　笔者认为这个心理大家多少都有，因为看一看那些贩卖彩票的生意有多好就会知道，也就会相信我不是在胡言乱语。

　　终于有那么一天，我们都睁开双眼了，从此不再做美梦了，于是我们就开始动脑子，不是动脑子想如何解决问题，而是动脑子找捷径越过那条大河，好抵达向往了很久很久的彼岸，让现实和梦想天人合一。

　　这一动、一试，又要很久。

　　残酷的现实从来都不顾及你我的颜面和想法，一次又一次不厌其烦地教育着我们，捷径通常并不存在，该走的路，半步都不能少。于是我们只能咬着牙齿，自己亲手将捷径枪毙一百回，从此以后开始踏踏实实、一步一个脚印、努力地为理想或梦想做点切实可行的工作了。

历经多年的努力，当以上三部曲终结的时候，那条大河一般也就只能遥望着我们的背影了，传说中的理想和现实的天人合一终于现场直播于你我眼前，我们终于踏踏实实地将真真切切的梦想的果实握在了掌心。

这里，我们暂且将该心路历程称为：做事心理三部曲。

做个美梦（幻想，不动）——找捷径——做事（努力地用心、用脑做事）。

这一章，笔者将重点从内心的角度谈一谈该三部曲中，关于做事的三种状态。

这三种状态分别是：

第一，跟着感觉走；

第二，跟着计划走；

第三，跟着策划走。

第一节　跟着感觉飘

生活中，当清晨起床之后，我们一般绝对不需要去想是先上洗手间，还是先洗漱，或者是先喝下两杯清水？

事实上，每个人的习惯都不同，之所以不用想，那是因为平时如果养成了第一件事就是喝水，那么这辈子大抵就是睁开眼睛就喝水了，压根儿就无须多想。这个现象是不是跟着感觉走？

或许，你会认为这是习惯的力量在作祟。

的确，我们可以将其定义为习惯，暂且不将其纳入感觉的范畴。那么下面我们再举一个例子，应该能够进一步说明什么是感觉。

下班回家，我们通常都是跟着习惯走，跟着感觉走，压根儿就不用动脑子，跟着感觉走就行，一定能到家。

于是，某一天，你的另一半对你说："下班回家的路上，带一袋大米回来，再带一只西瓜"。如果你在下班之前不作任何计划，跟着感觉走，十有八九会遗忘，一直到你进家门时被问及"米和瓜呢？"你方才想起，买东西的话早被自己忘得一干二净了。

造成遗忘的原因，一定是因为我们下班回家的这一过程，是跟着感觉走的。

接下来，我们举一下工作方面的例子吧。

或多或少我们都有参加应聘和面试的经历，或者在这方面还有很多很好的经验。

如果你也曾经参与或主持过面试，一定会发现一些现象，这些现象之所以会发生在应聘者身上，是因为他们做事也是跟着感觉走的。

比如，当人力资源向面试者索要毕业证书这类文件的时候，偶尔会有应聘者会告诉你，他忘记带了，并拍着胸脯无比自信地告诉人力资源，自己绝对没有撒谎，自己绝对是正牌大学毕业，就是毕业证书忘带了。殊不知，此时人力资源经理已经将其淘汰了，唯一原因就是这个人做事是跟着感觉走的，面试这么大的事情也不作任何计划与准备，甚至连毕业证书也忘记带了。

还有一些更离奇的，当距离约定的面试时间已经很近的时候，应聘者打电话来道歉，说是要迟到一会儿。当人力资源经理问及迟到的原因时，对方给出了一个很实在的理由：找不到你们这家公司地址在哪，所以迟到了。如果这位应试者没有绝对的优势与强项，一般肯定也会被淘汰，原因也是唯一的：做事跟着感觉走。在信息如此发达的今天，居然会找不到公司地址？足见其未作充分的准备与计划，只是跟着感觉走，走着走着迷路了，结果找不到应聘的公司。

甚至，还有更离奇和闹笑话的应聘者，他们通常是这样跟着感觉走的：面试之前投了电子简历，一轮筛选之后被通知参加面试。这时候，他又带来了一份打印好的简历。对于人力资源经理来说，你提供的信息越多越好，所以主持面试的人力资源经理很自然就接下了这份简历。与此同时，人力资源经理铺开了自己下载打印的先前那份简历。当他将这两份简历对照之后，竟然发现两份简历上有多处是对不上号的。此刻，人力资源经理暗自庆幸：幸亏有两份简历，基本上不用谈就知道眼前的这位应聘者是个编故事的高手，直接告诉对方面试结束了事。跟着感觉走到这个份上的职场人士也实在是罕见，所以我们称其为：跟着感觉飘。

第二节　跟着感觉走

在这一节，我们站在部门管理者的角度上来谈一谈，经常会遭遇到的部属跟着感觉走开展工作的具体案例，并就此略作解析。

笔者一直非常坚定地认为，工作中遇到的许多困难，通常都会有两种解决途径，视情况而定，走其中的任何一条途径一般都能够让问题得以解决。

说起来这两条途径也非常简单：一是花钱；二是花时间。

例如通过花钱提高资源配套能力，或者通过花钱夯实基础资源，很多问题就能得到令各方都满意的解决结果。

相对而言，花时间可以的问题就更多了。

例如技术方面的一些具体困难，花足够充足的时间，就能解决问题；

再如当管理行为中遭遇到组织、沟通和协调方面的困难时，花时间去做一些协调性质的工作，也能解决问题。

此外，对于职场人而言，花点钱的同时也花点时间去拓宽一下自己的知识面，去升级一下自己的头脑和心胸，很多问题也能迎刃而解。

因此说，对于职场个体所面临的工作困难而言，都能通过花钱或者是花时间，或者是同时花钱、花时间来解决问题。

比如，在从事一些基础性的管理工作过程中，我们常常会遇到这样的现象：安排部属去完成某项工作，尽管管理者已经做了很多的提示性工作，但是接下来发生的故事依旧会是那么千篇一律。

首先反馈上来的信息一定不是工作如何漂亮地结束了，而是告诉我们遇到了解决不了的困难，并很容易摊开双手

（笔者理解这个动作的含义是缴械投降）。

于是管理不得不跟进，跟进之后，往往会发现，这个困难是因为某些准备工作不足所致，因此帮助其填空，或者是提示其问题症结所在，以使工作能够顺利地进行下去。

不久以后，下面很可能会再度向上反馈困难，并表示已经如何如何地想办法了，反馈之后开始摇头（笔者理解这个动作的含义同样是缴械投降）。

于是，管理者不得不再次跟进，协助（或者是陪同）直至解决所有困难。

当所有困难都解决之后，身为管理者并没有成功的感觉，因为管理者并没觉得自己拿出了多少新主意，只不过是顺着问题的逻辑一步步地走下来而已，有时候甚至是啥都没有干，只是陪同了一下而已。

一段时间之后，当同样的工作再度安排给同一部属的时候，身为管理者的你居然能够重复看到上面的一幕，并极有可能再度指导甚至陪同一次。

下面，我们谈一谈"跟着感觉走"是如何上演的。

第一，案例中的部属在接受任务后的本能思维一般都是这样的：尽快完成任务。而且重点是尽快，既然是尽快，那么必须得早点动手，越早越快动手，那个该死的任务才能尽快完成，这样一来，当事人就很容易直接忽略了准备与计划的过程，抱着"兵来将挡，水来土掩"的思维直奔任务而去。殊不知，还有一句古话叫做"欲速则不达"。

第二，在"完成任务"的过程中，只在两种情况下不会遭遇到困难：或者是这项任务很简单，几乎无须动脑子，跟着感觉走就能搞定；或者是这个完成任务的当事人是天才，跟着感觉走就能搞定。

对于前者，的确是无须计划，跟着感觉走就能搞定（比如，每天就是打2万颗螺丝，这个活一定无须动脑子）；后者因为是天才，所以跟着感觉走也能搞定，可问题是这个世界上天才毕竟是极少数。

可见，工作中的困难是普遍存在的，然而有不少的职场人却不愿意做一个计划，去梳理出具体的困难并理清解决困难的思路，这种跟着感觉走的习惯实在是要不得。

第三，退一步来说，即使我们已经习惯于跟着感觉走去开展工作，那么也应该强化建设一下自己的感觉。这个建设包括两方面：一方面是强化在理论方面的学习；另一方面是强化在实践方面的总结。

总之，无论是在生活、学习还是工作中，在动手实践之前，需要稍稍暗示（或提示）一下自己，不要跟着感觉走。

第三节　跟着计划走

在生活中的一些大事（比如过春节）面前，我们从不缺乏计划思维和计划习惯。

那么，职场中的情况如何呢？

首先，我们需要思考一下，工作中哪些是大事？

其实工作中的大事情不是很多，而是太少了，反倒是工作中的小事情太多了，每年每月每天每时，我们都在干着这样那样的各种小事情。

对于职场人而言，第一次就业，算是一件大事情，之后的跳槽，也算是一件大事情。我相信，在这些大事情面前，我们一定会保有计划一下的生活习惯。然而，当就业和跳槽完成之后，我们面临的基本上都是小事情了，这时候我们往往却容易丢掉了计划这一好习惯。

日常工作中，当我们日复一日、年复一年地在做一件接一件的小事情的时候，常常会疏忽了计划，或者是压根儿就不愿意计划。

比如，设备维修或调试算是工厂很常见的工作。在这件事情上，我们常常会看到两个非常相反的现象：一个现象就是，设备工作者常常不停地往返跑动着，一会儿缺扳手，一会儿缺螺丝刀，一会儿缺资料，一会儿缺万用表！总之是需要往返多次才能安静投入地作业。另一个现象就是，新购入的设备，一般都是由厂家负责调试的，这时候设备工作者大概是因为工厂距离自己的公司实在太远，没办法往返跑，所以基本就不来回跑动了，打开工具包，该有的都有了，甚至连饮用的矿泉水都有！

工作中面对一件又一件的小事情的时候，为什么会不习惯于计划？

笔者认为主要是两点原因。

第一，在我们的概念中，计划不如变化快。

简单说就是认为计不计划都一样，因为即使咬着牙齿轰轰烈烈地计划了一番，到头来也很可能还是没有变化快，届时计划自然也就成了摆设，所以还不如索性不计划了，直接摸着石头过河了。

笔者认为，这是不计划、无计划的主要原因。

在这个计划不如变化快的过程中，其实不应该忽略的一个关键点是：计划是可以、必须和有必要作出调整的！

道理很简单，因为计划是属于理论方面的；而做事的实际过程则是属于实践方面。

而理论和实践一定是有距离的，既然有距离，那自然需要根据实际情况对计划进行修订，而不应该因为理论和实践之间的距离，而根本放弃理论（计划）。有理由相信，当经过几次修订之后，两者之间的距离应该不会越来越大，而是会越来越小的。

第二，面对工作中诸多的事情，我们的第一概念还是尽快实施，既然追求速度，那么自然也就省略一些"可以省略"的步骤，而首先被取消的一定是计划！

第四节　跟着策划走

一提起"策划"二字，我们职场人可能会立即联想到企业里的企划部门。

通常企划部负责宣传企业文化，开展市场调研以及宣传企业品牌等。

而"跟着策划走"这里的策划主要是指规划、谋划和谋略的意思。

举例来说，明太祖朱元璋的著名战略"高筑墙、广积粮、缓称王"就是一个经典的策划案例。该策略是朱元璋于公元1356年所提出的，在这一正确战略策划之下，12年之后，朱元璋于洪武元年（公元1368年）成功登基称帝，创建大明王朝。之所以"缓称王"是因为避免被元朝作为重点打击对象（当时造反队伍多），之所以"高筑墙、广积粮"是为了称帝而低调地、积极地备战。

在生活方面，策划的影子也处处可见。

比如，学校毕业后远离家乡，只身来到都市求生存，谋发展。在最初的几年时间内，我们一定都有着一个很现实的策划：留在都市！留下来要解决的第一个问题就是房子的问题，第二个问题就是成家的问题。

下面笔者以应聘面试为例说一说职场中的策划。

笔者曾经参与过很多次的面试选人工作，在面试这个环节上，基本上应聘者可以划分为这么几类：

第一类：应聘者在自我介绍阶段就说不清楚，需要面试主持人不停地发问，引导其完成自我介绍。

第二类：应聘者在自我介绍完毕之后，就大谈特谈自己的长处和优点，这类人有着明显的王婆卖瓜倾向。

第三类：应聘者在自我介绍完毕之后，基本就没有话了，问一句答一句，当问及其特长、兴趣、爱好和专长这类话题时，给出的答案也只能供参考。

我们完全可以看出，上述三类人都同属做事的时候是没有丝毫策划的（这并不意味着他们没有计划）。

第四类：是有策划的应聘者。在完成自我介绍并回答完面试官的问题之后，会重点地聊聊他对岗位的认知以及对公司长处的赞扬。这些认知和赞美之词，润物无声。因此，我们绝对有理由相信，这不是临场发挥，而是有事前的策划之功。

而且，这类人在自我介绍的时候，绝对会将自身的亮点放在最后，而且还是以轻描淡写的方式点到为止。同时，他们往往还能在面试的开始阶段，主动提及自己在工作中曾经出现的失误案例。可想而知，之所以将亮点放在最后，一则是给面试官惊喜，二则是彰显其谦虚的胸怀；至于主动提及自己在工作的一点失误，则是因为一则可以彰显其坦诚，二则是表明自己的绝对自信。因此，这些绝对是事前策划的结果。

当然，在实际的面试过程中，能遇到如此策划的情况的确罕见，可见，在职场第一关，应聘面试这件事情上不跟着感觉走，而跟着策划走的人，实在不多。

接下来，当在企业工作一段时间以后想跳槽的时候，也离不开事先的策划，以免出现被动跳槽的尴尬情况。

反之，如果当初我们进入企业之前就有个策划：为了吃饭。进去之后在此基础上再深入地策划一下：掌握某些技能，锻炼某一方面能力，为了以后更稳妥地吃饭。那么跟着策划走就行了，等到技能真的掌握了，能力锻炼到位了，跳槽是否，届时只要根据心情就可以了。

再比如，当初我们进入企业之前就有个策划：为了吃饭。

接着结合企业实际情况具体策划为：花多少年时间，将自己培养成某一级的管理人员。那么到这一年后，跳槽与否自然也就只需要了解一下外面的行情和自身的实力即可，或者只根据自己的心情抉择。因为这些都是事先策划好的事情。

当然，如果在这个从进入企业到跳槽出来的过程中，即使有策划，并有深入的策划，那么有一些委屈或情绪也是正常的，但是，这些想法应该服从于策划。

第五节　建设一下心情

撇开做事的状态不谈，无论是在工作或者是生活中，我们经常会遇到精神萎靡不振、无精打采的人，在没有成功扭转那个坏心情之前，任何关于做事的方式和方法，都是无用的。因为，在那种状态下，别说做事，甚至直接连饭都懒得吃了，所以，在本章的最后一节，我们就谈一谈如何建设一下我们的心情这一话题。

坦诚说，笔者多少也害怕情绪萎靡的人，因为情绪这个东西真的是可以传染的，所以有点怕。当然，任何人偶尔都会有这样的现象，也正因为如此，所以关于情商的概念才有很大的影响力。

造成负面情绪的原因一定很多，比如工作压力大、看不到前景、身体不适、陷入了"家庭内战"的汪洋大海、孩子受教育情况不佳、还贷压力大……总之是不胜枚举。

既然造成负面情绪的原因是如此的复杂，那我们暂时搁置一下，反过来看一看愉悦情绪和心情是来自于哪里。

笔者认为只有两点：

第一，幸福感；

第二，成就感。

其中，幸福感一定是一种令人全身心放松的感觉，是一种非常和谐的感觉，是一种令人倍感甜蜜和愉悦的感觉。而幸福感的最大归属地就是我们的家。

至于成就感则是一种令人兴奋，甚至是极其兴奋的感觉（比如，当年高考金榜题名时的感觉和初次升职时的感觉）。与幸福感对比，成就感绝对不会是放松的，而是兴奋的、手舞足蹈的。而成就感通常更多的时候是来自于我们的工作。

当我们没有得到成就感的时候，负面情绪很容易就会产生了。

心理学方面的科学研究表明：持续地建设幸福感能够促进人们在工作中更高效地获得成绩、成就。

也就是说，幸福感是能促进成就感的！

如果负面情绪是因为工作上严重缺乏成就感所致，那么不妨先强化建设一下内心的幸福感，通过幸福感去推动成就感。至于如何建设，笔者认为神有神路，仙有仙径，我们各自一定有自己的感悟和整套的行为习惯，只是需要刻意提醒自己去建设一下就行。

如果负面情绪是因为幸福感的严重缺失，那么更简单，找到那个最幸福的地方——家。因为家是幸福的源泉和归宿！

总之，当被职场中的负面情绪纠缠不休的时候，建设一下自己的幸福感，是最佳的出路和方法！

第五章 人人都需要安全感

办公室政治类题材的书籍近些年很是风靡职场，俗话说：有需求，就有市场。在笔者看来，争来斗去的办公室政治中，有一个核心的东西大家可能容易忽略，那就是人人都需要安全感。

需要强调的是：人人都需要安全感，重点在"人人"二字上面，也就是说，企业中上至老板，下至保洁人员都需要安全感！

在笔者看来，实在是没有必要卷入所谓的"政治"中去，能避开的就尽量避开，要始终牢记"人人都需要安全感"这一原则。

当我们意识到，某些行为可能已经涉及他人的安全感时，要采取一些必要的行为，去弥补一下，一般也都能够避免被"政治"。

当然，这并也不意味着是要抱着"老好人"思想去和稀泥。因为一味地和稀泥，到头来，团队的安全感就没了，自己的安全感也没了！

第一节　无处不在的安全感渴求

我们几乎每天都在追求着生活、工作等方

面的安全感，并因为缺乏它而出现一系列的问题，比如：焦虑、烦躁、不安、失眠等。

生活中，我们本能地认识到，这个世界上最安全的地方是家。

家之所以令人感到非常安全，一方面是因为不需要在家中防备谁，另一方面是因为在家里暂时可以将一切来自外部的不快全部挡在门外，还有一个原因是因为家里通常是衣食无忧的。

我们会进一步发现，安全感严重依赖着两点：爱和钱。

如果将职场划分为两极，那么老板是一极，另一极则是刚入职场的新人（处于试用期的人士），这两极刚好是对职场安全感最在意的两极人士。

新人极度在意的安全感，我们很容易理解，因为新人对陌生环境是心存畏惧的，新人一方面对尚不了解的身边人抱持一种观察的心态，另一方面需要时刻提防自己在什么地方做错了事情影响到了人际关系，所以这时候脆弱的新人是特别在意安全感的。接下来，我们重点关注的是另外一极，老板为何也是极度在意安全感的。

第二节　组织结构的另类内涵

在很多人眼里，公司里面的老板应该是不缺乏安全感的，因为他可以拿掉任何人的任何职务。

其实不是这样的，老板恰恰是高度依赖安全感的，比如，作为一个职场人，当工作干得不高兴的时候，递份辞职信给老板，直接就可以离开或者跳槽了。如果老板本人干得不高兴了，怎么办？他跳槽的机会早就被剥夺了，实在撑不住的时候，即使严重到闭上眼睛去跳楼，也绝对不会发生跳槽。

的确，老板在企业里面拥有绝对人事权（上市企业除外，因为上市企业的重大决策是要通过董事会，而不是由董事局主席一人决定），所以不用担心自己会被下课、被替代。但是，老板却很是担心一点，那就是自己被架空。

被架空后的感觉一定是不踏实和没有安全感的。

通常在两种情况下，职权是很容易被架空的：

一是，公司内有的团队异常团结（请注意，笔者强调的是异常二字），甚至团结至铁板一块的状态，在该状态之下，这个团队达成了一项共识，那就是共进共退，这时候，老板的领导势必会被架空。

二是，老板在日常管理中自始至终只能看到、听到漂亮的工作结果和不菲的业绩，其他声音完全销声匿迹。在如此歌舞升平的盛世情况下，一般会形成一种循环，那就是老板会进一步放权，下面的业绩也会进一步鼓励着老板放权。一直到某一天，老板突然醒悟为止。

老板在本能的驱使下，出于对安全感的追求，首先要防止的就是被架空，以求对企业、对团队的绝对掌控权。然后会在这一本能的驱使之下会作出诸多的安排，职场人一般应该能够看透和看破这些，然后努力避免因为善意地为了企业利益而去阻止老板出于这一点的一些安排。下面我们就从方方面面来解读一下，老板通常会有哪些措施和安排。

所以，企业才会设立多个职责分明却又可以相互制约的职能部门，这是企业管理上的必然，因为这一必然的源泉是老板的安全感。

第三节　公司的一草一木皆属老板

影响老板安全感的第二个要素：公司财物被侵蚀。

提到这一点时，我们首先想到的一定是财务部门。的确，那是全公司老板最在意的地方，也是一块很容易惹是生非的敏感地带。也正因为如此，所以几乎每个人都知道财务部的人是惹不起的。为什么惹不起呢？因为那几个人都是老板的耳朵和眼睛，都是老板绝对信任的人，除了准备辞职的人之外，我想没人会去招惹他们。

从安全感的角度来说，即财务人员给了老板安全感，老板自然也就处处维系甚至是呵护着财务人员的威信。这几乎成了一种对等的交换，同时这种平衡没人愿意去打破它。

同时，有一个很常见的现象是，财务部的核心主管往往是老板最信任的人（比如亲属或者是追随老板多年的资深员工）。

但是财务部绝对不是老板关于公司财物被侵蚀方面的唯一关注所在。

比如，在某一个周末，还在加班中的公司同事给你来电话了，公司有事情需要你前去一趟。为此身为管理者的你不得不牺牲一下私人时间，驱车赶往公司处理一下突发事情。事情处理完毕后，你发现自己的那部座驾很久没清洗了，于是在公司用公司的洗车设施开始清洗你那部心爱的座驾。

当你哼着小曲，用公司的自来水忙活着给座驾洗澡之际，突然公司门口缓缓驶入了一部豪华座驾，正准备发愣的你突然发现那是老板来了。

老板很优雅地将车停在了他的专用车位上，然后款步下车，只是朝着你扫了一眼，没有微笑，甚至没有表情，于是刚刚还准备发呆的你，这会儿真的发呆了：他怎么来了？他这时候来干吗？他怎么不像平时那么微笑着跟自己打招呼？他怎么似乎都没看到自己？真的没看到自己吗？一连串的、奇怪的问题马上浮现于你的脑海。

当上述这些问题你还没有找到答案的时候，老板已经步入了办公楼，进了自己的办公室。很奇怪！他平时都不来的？今天这是怎么了？你一定会继续想着这些问题，继续心不在焉地洗车。

一会儿工夫之后，你心爱的座驾终于被你料理完毕，这个时候你想凑到老板办公室那边去坐坐。可是，当你还在犹豫不决的时候，老板却从办公楼走出来了，只是远远地朝着你挥了挥手，然后钻进了他的豪华座驾，一脚油门、一声鸣笛，一溜烟消失了。

于是，你这个周末很可能会有心事：真是怪怪的，老板这是怎么了？这个谜团你甚至无法解开。然后，在接下来的一个工作周里面，你发现了一个很奇怪的现象：那根洗车用的水管被收起来了，收在了保安室里。

如果，至此，你还执迷不悟，那也没有关系，因为热心肠的保安室同事会跟你讲故事的。保安很热情地告诉你："不知道老板怎么了，突然对这根洗车的水管很是恼火，说我们连根水管也管不好，还说管不好收起来总能做到吧！老板说完这话，扭头就走了，奇怪吧！"

现在，身为管理人员的你终于会明白一切了吧！的确如此，很多职场人常常以为这不过是芝麻小事，而直接忽略。殊不知，这些事在老板眼里压根就不是小事，而是影响着他的安全感的大事。

首先，无论你是否相信，都应该想到，偶尔老板突然来公司，其实是带着突击检查的目的来的。

其次，当他一进到公司，第一眼看到的就是有人在侵蚀公司的财物，比如在用公司的自来水洗车，他极有可能会怀疑自己所看到的不是偶然现象，而是一个常态，这一点会令他异常反感，因为自来水虽然不值多少钱，但是对自己公司财务方面的安全感却是影响很大的。

最后，他决定警示性地管理一下这个现象，这样的小事无须向职责部门兴师问罪，更无须拿到会议上公开批评，但是可以斥责一下保安部门的失职行为。而且他知道，保安中层主管们总是网开一面，这点令他一直不爽，所以借机问责保安，自然能实现一箭多雕。既能让保安警觉，也能让保安传话开来，同时还能婉转地批评一下洗车的当事人。

再比如，如果公司有100台私家车，每天都有50部车在用公司的自来水洗车，那么公司将会为此负担多少水费和工时费？因为在老板心中，每时每刻他都是在给作为公司人的我们付费的。

你们既然可以用公司的自来水洗车，就必然有可能用公司的食堂炒几个小菜带回家，至少这个发展趋势是可能存在的，尽管这不可能100%地在每个人身上发生，但是一定会有人那么做，老板就是这样想的。

你们既然可以用公司的自来水洗车，那某一天就很可能也会从公司拿点家里急用的螺丝钉、扳手、螺丝刀等作业工具回去。

你们既然可以如此自私地拿公司的自来水洗车，那么某一天就极有可能利用公司的任何生产资源干点私活，进而发展到开始挖公司的墙脚，用公司的资源为自己挣私房钱，这种可能性职场上并不鲜见，老板的想法是可以理解的。

所以，职场人还是应该时刻铭记：公司的一草一木，皆属老板。这并不是因为那一棵小草有多名贵，而是因为那是老板安全感的重要源泉。

第四节　你的忠诚是老板安全感的重要来源

这一节笔者谈一谈影响老板安全感的第三个方面：核心团队对企业的忠诚度。

在谈"忠诚度"三个字之前，我们需要先明确一下何谓

"核心团队"？试问，对于一家企业的老板而言，哪些人、哪些岗位属于核心团队之列？

首先，职业经理人一定不是核心团队的成员。

为什么这么说呢？一句话，职业经理人＝空降兵。

喜好军事的朋友都知道，空降兵是一个极度危险的职业，因为空降兵所着之地，绝对不是空降兵所熟悉的地方，一定是陌生又布满着陷阱和冷枪的阵地。

因此，空降兵自然就很容易阵亡了。对于职业经理人而言，那就是"牺牲"在职场上了，而这个结局一定是没人向往的。

至于那些落地生根没有"牺牲"的职业经理人们要在企业中具体做什么呢？

第一，做老板想做，却又碍于情面不好意思做的事；

第二，做老板想做，却又没有能力去做的事；

第三，做老板想做，却又做不了的事；

第四，做老板想做，却又阻力太大、困难如山的事。

因此，可以理解为什么职业经理人地位和待遇那么高以及每一天看上去都那么风光！

接下来，职业经理人往往施行三个大动作：一番热热闹闹的变革和改革；一番热热闹闹的规范化、流程化；一番热热闹闹的人事重组。

当工作成果出来之后，职业经理人的企业使命基本就完成了。这时候，我们自然就理解了为什么说职业经理人不是核心团队成员。

那么哪些人才是老板的核心团队成员呢？

比如，驰骋于市场上的销售人员。因为这些人的背叛就直接意味着市场的背叛，市场的背叛就直接意味着老板的事业受损、信心受挫和不安感增加。

除了驰骋于市场上的销售人员之外，掌握企业关键技术的岗位人员一定也在核心团队之列。这点也很容易理解，因为这些人的背叛将直接意味着竞争对手的强化、老板自身的优势弱化，因为怀揣着这些核心技术的职场人，一旦辞职后，一般只走一条路，那就是直奔老板的竞争对手的旗下，这样的后果很可怕，所以核心的技术人才一定是老板心中的核心团队成员。

此外，财务人员自然也是核心团队成员。这一点笔者在前面已经谈及，在此就不再赘述了。

如果作为职场人的你目前正在这些岗位上，那么恭喜你，因为你的忠诚度直接决定着老板的安全感，所以你基本上是安全的。如果你不在这些岗位上，那么笔者也恭喜你，不过你必须眼观六路耳听八方，否则说不定什么时候，可能就是你在这家企业中职业之路的终点。

第五节　中层主管的安全感红线

关于中层主管的安全感，主要是两方面：其一，防止被部属"夺权"；其二，防止被老板"下野"。

关于第一点，我们知道中层主管一般都十分反感部属越级，也就是反感部属越过自己直奔自己的上司而去；此外，中层主管也十分防备自己的部属明修栈道，暗度陈仓，投奔与自己同级的主管部门那边。

有时候，部属在中层主管下面搞小团队，容易被认为是"夺权"的先兆，而且很容易被上司察觉，自然也就很容易被打压，所以作为部属来说不应该去碰这条高压线。

关于第二点，要防止被老板"下野"，就只能努力和用心地工作了。

努力地工作，是指业绩永远是硬道理，这个世界上一般不会出现一定要拿努力工作并且能交出漂亮业绩的部属开刀的老板的。

至于用心地工作，指的是工作需要一些技巧，具体地说就是指既不会冒犯老板，又不让老板感觉到威胁，并基本上能够做到让老板重用自己。

必须要说明的是，关于中层主管安全感来源的这两方面并不是彼此孤立的，而是有着逻辑关系的，或者说二者是相辅相成的。

为了强化第一点，中层主管通常会在部属面前表现出一种姿态，或者说是经常会有意地透露出一些信息，这些姿态和信息的核心内容无非围绕着"老板如何如何地信任自己，如何如何地表扬自己，如何如何地授权给自己"而展开的。

这些举动无非是在委婉地提示着部属，你们别指望到老板那里打我的"小报告"，老板现在是充分信任我的。

其实，一方面中层主管无须拿着这些当栅栏用，另一方面更无须此地无银三百两地显露出自己的心虚的一面，真正的强者往往是做了也不说的那一种。

当然，作为部属只要能看懂即可，而没有必要去非较真儿不可。

其实，在更多的时候，职场上的中层主管为了强化第二点而将工作重点放在了第一点上。

也就是说主管为了强化在第二点上的安全感，而牢牢地将部属团结在了一起，以谋求共进共退。这个想法是很正常的，这个现象也是很常见的，但是如此做法真正成功的却是不多，因为牢牢抱在一起的那个团似乎很轻易就能被老板采取各个击破的策略而轻易地拆开。

那么，作为职场上的中层主管，应该如何避免被老板"下野"呢？

历史上，明朝万历年间著名的政治家、改革家张居正是一位手握重权的重量级领导，事实上更准确的描述应该是：张居正是大明王朝的救世风云人物，是明代最优秀的首辅大臣。他在明代推行了两项著名的改革：一条鞭法和考成法。这两项改革，一直沿用至今。

作为一个为国鞠躬尽瘁的杰出政治领袖，他虽然后来官拜内阁首辅，但是在万历十一年（1583年）被抄家，儿子被杀害，家人被流放，而这正是因为张居正的顶头上司万历皇帝所下的圣旨。

职场上，一定有很多张居正般的职场高手，同时也一定有着很多万历皇帝式的老板。当职场高人为了自身的安全感而将自己建设得无比强大之时，应该牢记"高处不胜寒"五个字。

因此，笔者对于如何避免被老板"下野"的建议是四个字：见好就收。

其中有两层含义：一是，应该干出漂亮的业绩来，这叫做"见好"；二是，工作到一定程度应该主动选择局部妥协，或者维系现状，或者干脆留下一片大好形势，另谋发展，这就是"收"。

总之，很简单，只要不动了他人的"奶酪"（安全感），那么属于我们自己的安全感将始终可以握在手中。

第一节　其实他们原本并不特殊

经过笔者的观察，与生活中的资源+男人+女人=家庭相类似，在工作中资源+职务=资源型领导。

那么，哪些资源能够让职场上的人们直接走上领导岗位呢？

最典型的资源型领导，莫过于父亲是老板，儿子是负责某个部门的总经理这一类的亲属资源。

读者千万别以为这个现象只是在民营企业中存在着，因为从海外来华投资的企业里，从总公司派过来的某些领导很可能就是某个股东的后代或亲属。而且，难道外企的下一代就不接班了，外企的股东们就没有亲戚朋友在企业里面任职？这几乎是一个不争的事实，只不过有时候会以无形的形式悄悄从我们眼皮底下溜走罢了。

总之，在职场上见到亲属资源型领导是很正常的，我们应该并且必须接受这种现象。

反之，如果你一见到这种领导就皱眉毛，甚至为自己祈祷——千万别让我遇到这种领导，就要问一下自己了是什么原因了。其实，你也可以这样去设想一下：如果你是这家企业的老板，有时候你会撤换一些人，这很正常，问题是之后你首先会想到起用哪些人，为什么任用那些人。

答案不言自明，你一定去优先考虑最让自己有安全感的亲属们，当然，前提是他们一定要有工作能力。

第二节　接纳你的资源型领导

所以，如果你"不幸"遇到了亲属资源型领导，你首先要做的第一件事情就是从内心深处去接纳他们。

既然这种亲属资源型的领导是职场中的"正常"现象，那么我们也就别无选择地需要与其朝夕相处了，因此我们理应动动脑子，让彼此关系稍微和谐一点、愉快一点，让这种资源型的领导的资源能为我们共用，那一定会是个不错的结局。

之所以亲属资源型领导能以这种亲属关系取得领导职务，主要有两个原因：

第一，企业老板必须拿自己的资源（企业平台）去照顾和培育一下自己的亲属，因为企业发展总是要用人的，企业总是需要有人撑起台面的，肥水不流外人田，既是老话，也是实话。

第二，这些拥有亲属关系的人，绝对不是全部走上领导岗位，老板用人一定是建立在自己对他们全面了解和认知的基础上的，同时这一小部分被提拔的拥有着亲属资源的人，一定是老板相当信任的，这一点非常关键，也非常重要。

那么，这些亲属资源型的领导是如何充分利用其资源而开展领导工作的？

首先，因为这些亲属资源型领导已经取得了老板的信任，所以其所领导的部门、所分管的领域，自然也就容易赢得横向与纵向部门的配合。

其次，这些亲属资源型的领导，为了进一步提高老板对自己的信任度，一定会经常向老板汇报一些企业里面的事情。至于汇报的内容一定是以其"个人利益出发点"为核心展开的。此时，老板一般也乐于听到这些汇报，企业大了，公司上下的大事小情，老板不可能全部一清二楚，有了亲属关系的部门领导汇报这条信息渠道何乐而不为呢？

再次，这类亲属资源型的领导，在管理团队的过程中，有时候会拍着胸脯向部属们承诺：加薪，我说加，肯定加的；升职，你放心，只要我举荐一下，你肯定可以升的。当然，最终结果未必每次都会兑现。

总之，对于亲属资源型领导，我们首先应该接纳他们，其次，在稍加留意领导向老板汇报的同时可以适当加以利用。如果你用心经营到位，无论这个亲属资源型领导是你的上级还是下级，领导向老板汇报还是能发挥出其积极能效的一面的。

历史上，宋太祖赵匡胤手下有一个为人低调、睿智的名将——曹彬。他是陈桥兵变之前就追随赵匡胤的北宋著名将领。公元970年，宋太祖赵匡胤任命曹彬为主将，率军征讨南唐。为此，赵匡胤赐给曹彬一把尚方宝剑，并授权：副将以下，不听号令者可以先斩后奏。赵匡胤还以领袖的姿态问曹彬还有什么要求，可以尽管提，以示对此番征讨南唐的重视。

曹彬则出人意料地向赵匡胤要了一个人：田钦祚，并将其任命为另一路的前指挥官。

这个田钦祚是什么人呢？这个人基本上就是一个小人：贪婪又狡猾，喜欢争名夺利，最主要的是喜欢在背后说别人。

对此，曹彬的部属们很是不解。

曹彬向部属们谈了自己的想法：此次出征，要很长时间，任务十分艰巨，需要朝中的文武群臣全力支持，如果自己领兵在外，朝中还有人不断进献谗言，极可能会坏了大事。而田钦祚正是一个很喜欢说别人坏话的人，所以要防备他，最有效的办法就是把他弄到自己身边，将他带到战场上，让他掀不起风浪，在征南唐的战役中，也分一份功劳给他，这样就能一举多得。

希望这个故事能让大家对于理解前面的第二点有进一步的帮助。

第三节　他们曾经辉煌过

接下来，笔者要谈一谈资历型领导。

"只讲功劳，不讲苦劳"这句话在职场上经常能听见，的确，企业经营中面对现实并不是错。只是，我们在理解这个观点的时候，要分清微观和宏观之间的差异，也就是说从微观上来讲，可以完全遵循只讲功劳，不讲苦劳；但是，从宏观上来讲，一定要二者兼顾，甚至可能会更多地倾向于苦劳一方。至于苦劳，我们可以理解为：资历。然而，能脚踏资历走上领导岗位的资历型领导，一定是二者兼顾的，即：既有功劳，也有苦劳。毫无疑问，这是资历型领导的最大特点。

既有功劳又有苦劳的资历型领导，在领导岗位上往往有着各方面的优势，任何想要撼动和挑战他们的行为的最终结果一般都不会很好。下面笔者谈一谈资历型领导的绝对优势与显著特点。

第一，他们通常对企业、对产品、对老板以及企业各级领导都了如指掌。我们知道，人和人之间的智商是有差异的，但这个差异带来的结果是对事物的分析、判断能力方面的差异，并不意味着智商方面的差异会影响到职场人士的工作经验积累。

所以，资历型领导凭借着多年如一日在同一环境下的摸爬滚打的工作经验积累，对企业、产品和企业领导的各方面都非常熟悉的优势，能够如鱼得水地在领导岗位上开展工作。

第二，在企业特定环境下，资历型领导因为其深厚和丰富的经验，往往能够对企业内的各种具体问题拥有绝对的话语权。

因此，当我们还在为某些问题而苦苦调研、深入思考和反复论证之际，资历型领导往往能如数家珍地告诉你，在哪一年哪一个月哪一天，该问题曾经发生过，当时是采取了哪些措施而解决的。

所以，无论是在这样的领导下面开展工作，还是经常在工作方面需要与其互动，均可以先听取他们的意见与建议，以求尽可能少走弯路。

第三，资历型领导在其所负责的团队内部，已经与其核心团队成员达成了各方面的共识与默契，通常外部力量和因素是难以撼动的。

因此，实际工作中，我们要尽可能避免绕开这种资历型的领导去处理工作中的任何事情，因为你的任何灵活方式与小动作将会以最快的速度直接传递到其案前。

第四，这一点也是最为重要的一点，即：这种资历型的领导往往已经完全取得了老板以及企业领导的信任。因此，他的决策一般很容易获得老板以及企业领导的信任，这时候任何反对和制约的声音都是无效的。

关于资历型领导，需要补充一点的是，这种资历型领导往往也愿意去帮助新部属推行一些改革，原因很简单，长时间在同一环境下跟随老板做了很久，多少会有些倦怠的情况，所以对于外部带来的一些新理念、新方法一般都是能够予以支持的。

第四节　别被表象所迷惑

职场上的公司人，有时候会庆幸自己遇到一种很好说话的上司，凡事略微沟通一下好像很容易就解决了。此外，这种上司还有一个特点：领导工作好像没有任何固定的模式。

一般来说，这种上司通常都有着相同的职业经历，那就是，他们都曾经从事过销售工作，换句话来说，他们是凭着扎实的业务能力和成绩走上的领导岗位。

其实，正是因为过去那段遨游于市场的职业经历，才造就其八面玲珑的这种表面看起来很好说话的样子。

至于第二点（领导工作好像没有任何固定的模式）是因为其历经市场实战的洗礼，因此面对任何问题的时候都善于灵活处理，这也符合了兵法所言："水无常态，兵无常形"。

在市场上为企业攻城拔寨，赢得大量鲜花掌声和褒奖的职场人一般会走两条不同的职业之路：

其一，不为领导岗位所心动，更不为那些分红、提成所心动，另立门户做老板，开创自己的事业。

其二，离开市场，用市场资源换取领导岗位。

下面我们重点谈一谈，如何与市场资源型领导共事这个话题。

这种从市场上成长起来的市场资源型领导，在领导岗位上通常会继续延续其开发市场的模式管理工作，即没有固定的管理模式。具体表现为：看人说话，视具体情况而灵活处理，习惯于单独沟通解决，注重最终结果。

因此说，第一，作为市场资源型领导的部属，当有事情去请示领导时，一般都会获得批准，基本上不会听到反对的声音，但是这绝不意味着他对你这件事的结果也是批准的和同意的。也就是说，他会记住你请示的这件事，并等待你的结果。虽然，任何领导都会注重结果，但是市场资源型领导在这方面更为突出。

第二，作为市场资源型领导的部属，要尽可能避免以原则和规定这类理由去解释，为什么有些工作自己未能按时保质保量地完成。因为在他的眼里，任何事情都是可以灵活对待的，原则和规定是可以变通的，因此，作为部属在做汇报的时候只需要视具体情况，及时灵活变通一下即可。

第三，市场资源型领导虽然在市场上经常需要直面客户各种需求和竞争公司的挑战，但是彼此之间都是一团和气的。因此，作为部属应该学会看透表象，不被表面的和谐误导行事，以免最终被市场资源型领导冷落而难堪。

同时，向市场资源型领导汇报一些工作的时候，尽可能直接汇报结果，因为他们一般不注重过程。

第五节　领导型上司

所谓领导型上司是指，职场上擅长谋划、策划和计划，一般情况下绝不自己动手的职场管理者。

如果在职场上遇到领导型上司，其实是一种福气，因为他将以言传身教的形式让我们受益匪浅。

这种领导型上司，乍一看好像是有点官僚的味道，因为无论生产是如何地热火朝天，他都能保持一种非常悠闲的姿态，处事不惊，胸有成竹。在他身上，任何事情你只能看到开头和结尾，而几乎看不到过程。

具体地说，这种领导在工作伊始就能发挥出超常的想象力，给大家描绘出他所策划的一个灿烂的结果，并在会议上详细说明他的计划，同时反复强调在实际工作中哪些是重点和关键之处；在工作结束后，他一定会再度组织会议，给大家详细地解读一下实施过程中的亮点和不足，并以具体事例给部属们梳理出具体逻辑关系。

至于工作中间的具体过程，或许是因为都在他的掌控之中，或许是因为不愿意干预太多，总之是看起来不是很关心的样子。

当然，当部属们遇到困难之时，他也总是能够及时惜字如金地给出自己的建议。

这几乎是一种神龙见首不见尾的领导作风，所以这种领导一般在企业和团队内都有着非常高的威望，可以将其比喻为职场上的孔明先生。

实际工作中，像这种领导型的上司很喜欢问"为什么"。对于这种"掌控一切"的领导型上司，当在问"为什么"的时候，其出发点只有两个：一个是考察一下部属是否在动脑子，即笔者在前文中提到过的，是否是既出体力也出脑力；另一个出发点则是引导部属进行思考。

如果，作为部属的我们常常表现出一脸茫然甚至不能回答这个问题，那么领导很容易认为我们是只能出体力而不能出脑力的不堪大用的部属。

同时，值得提醒的是，千万不要以为领导型上司是只抓两头不问过程的就可以"瞒天过海"，这是要不得的，因为既然上司已经做到工作的每一个细节都胸有成竹，恰恰说明他在各方面已经做好了各种精心的部署和周密的安排，包括每一位部属的工作情况和精神状态。

第七章 从技术到管理的成长之路

作为职场老兵，笔者是一路从技术岗位走到管理岗位上来的，并曾经在技术岗位上一度成为企业略有依赖的"科学家"。

这里所谓的"科学家"，并非是指院士、教授那样的高级科学工作者，而是指企业中有较强的专业技能的、受企业高度依赖的技术工作者，该技术不仅指研发技术，而且还泛指各种企业相关的生产技术。

之所以将这一族也称之为"科学家"，那是因为他们的劳动将直接高效地为企业开辟市场、为企业提高效率。每当遇到难题之时，第一时间冲上去的都是他们（当然，第一时间冲上去的还有领导），然后用他们充满无限智慧的技术头脑、无必灵巧的技术之手，为企业排解着一个又一个的难题，这一幕在每一家尚还健在的企业内部都永不落幕。当某一天，某家企业没了"科学家"，那非常遗憾，这家企业也就会很快无限光荣地退出江湖，为同行们让出一片市场蓝天。

通常来说，企业中"科学家"的成长途径有两条：

其一，在技术岗位上磨炼多年。笔者前文说过，解决工作中的一些困难通常有两个方法，或花时间，或花金钱。当付出足够多的时间，问题也就被解决了。当问题解决了，当事人的技术能力就长进了。久而久之，就成为了"科学家"。

当然，以这种形式成长起来的"科学家"，一般都能以技术员岗位为起点，逐渐攀升到领导岗位。

其二，企业里面的高学历知识型人才，这类职场人不仅理论水平很高、眼界宽阔，而且将理论转换为实践的能力也是一流的，于是也就容易成为企业里面同事敬重的"科学家"了。

这两条路分别代表实践摸索型和理论强化型，后者的成长速度往往快于前者。

无论走哪条路，成长为"科学家"之后，自然也就很轻松地走上了管理岗位，而此时多年在技术岗位上的工作经验势必因其非常典型的技术性思维（研究问题、计划过程、动手解决、回顾总结）而独具特色。

事实上，的确如此，大部分技术资源型领导（从"科学家"转身为领导）确实能出色地转型，干好领导工作，有一些则差强人意。

如果我们留意观察过这些技术资源型领导的实际工作情况，通常会发现一个规律，那就是：凡是干得出色的，都是将技术型思维仅仅保留在对事的方面，而在对待人的方面（尤其是领导），绝不采取；而工作成绩不甚理想的技术资源型领导，则在无论对事还是对人上面，都全盘照搬了技术性思维那一套。

要知道，事物是死板的而人是灵活的，事物是没有情感和情绪的，而人的任何行为都服从于自己的情感和情绪。

如果从技术岗位上成长起来的"科学家"，并最终走上领导岗位的职场人能够注意到这一点，那么其事业发展之道也就不言自明了。

总之，笔者衷心希望奋战在技术岗位上的职场人，都能成长为企业的"科学家"，并能够从"科学家"升级为技术资源型领导。

【下篇结语】

职场上的公司人，都挺不容易的，在吃饭这一朴素的动机之下，从走出校园的那一刻开始，注定都踏上了一条漫漫的职业生涯之路。

于是，问号和感叹号伴随着我们的每个工作日、充斥着办公室的每个角落，此刻身在职场上的你我都需要总结、需要思考！需要让职场灵魂完成艰难的升级，尽管这一过程无比痛苦，但是任何人都无法回避！

既然都无法回避，也不能回避，那么就直面吧！

因为这个世界需要理论大师，更需要勇敢而执著的实践者，那么让我们这些职场人士一起思考、一起总结、一起实践，因为这是走出彷徨、迷茫乃至消沉的唯一途径！

或许是城市里的楼太高，也许是城市里的路太挤，还可能是城市里的伤感的流行音乐太吵，于是，我们经常会忘记抬头去仰望一下北极星！事实上，它一直在那，不管你在何时何地，似乎北极星才是唯一的永恒！

是的，抬头仰望一下北极星吧，不必在意角

度和位置，方向就在那！在笔者的理念中，职场的北极星就是：管理那点事、职场那点理。笔者毫无保留地将自己多年来从技术岗位走到管理岗位的所思所想化为文字，唯一的希望是引发职场同仁们的思考，如此也就足矣！

是的！

在这个弥漫着喧嚣、热闹和娱乐至死气氛的社会里，职场中的你、我、他需要思考，需要冷静下来认真地思考！

当彷徨和迷茫接踵而至之际，当你我他这些职场人面临着前面是河、后面是崖的时候，我们的脚步注定无法停留！何去何从？

有时候，笔者往往会想起那个遥远的地方：非洲美丽的大草原，还有大草原上那壮丽的野牛群，它们经常前面是河，后面是饥饿是死亡，河对岸是青青的草，河里面是凶残的鳄鱼，它们冲向河了，有倒下的，有被鳄鱼撕裂的，更多的野牛还是享受到了河对岸的青青的草！

向草原致敬！

因为它抚育了伟大的无畏无惧的生命群体！

向草原致敬！

因为它宛如职场，孕育出了宛如野牛群的职场人！

抬头再仰望一下北极星，是的，方向就在那！身后是崖，前面是河都不重要，方向在那儿，清晰的方向才是至关重要的：管理那点事、职场那点理！

愿拙著也能点亮你的职场之路，点亮你的梦想，温暖你的心，灿烂你的梦想！

后 记

几番努力几经周折，我的这本书稿终于获得了正式出版的机会。在欣喜之余笔者也要做一次认真地交代。书中的很多观点并非笔者的原创，而是源于笔者过去和现在的诸多领导和同事们，特此一并向他们致谢！他们分别是：

杭州安费诺飞凤通信部品有限公司的黄准总经理、叶智林副总经理、陈之侃副总经理、丁鼎干部长；

浙江忠茂化工有限公司的裴峻董事长；

杭州中好电子有限公司的赵亚辉总经理；

杭州天马时控科技有限公司的王祖伟总经理、叶国庆副总经理、王祖强副总经理。

再次向他们致谢！致敬！

同时，笔者非常感谢本书的责任编辑王实先生，他是一个认真负责的人，他给我提出了诸多可贵的修改意见。感谢他！

最后，笔者要真诚地感谢每一位读者，谢谢您的期待和信任，我热诚期待您的宝贵意见和建议！

煮史问道

谨识于二〇一二年元月